Discovery
EDUCATION

맛있는 과학

디스커버리 에듀케이션
맛있는 과학–14 혼합물

1판 1쇄 발행 | 2011. 11. 4.
1판 12쇄 발행 | 2018. 3. 11.

발행처 김영사
발행인 고세규
등록번호 제 406-2003-036호
등록일자 1979. 5. 17.
주 소 경기도 파주시 문발로 197(우10881)
전 화 마케팅부 031-955-3102 편집부 031-955-3113~20
팩 스 031-955-3111

값은 표지에 있습니다.
ISBN 978-89-349-5448-4 64400
ISBN 978-89-349-5254-1 (세트)

좋은 독자가 좋은 책을 만듭니다. 김영사는 독자 여러분의 의견에 항상 귀 기울이고 있습니다.
독자의견전화 031-955-3139 | 전자우편 book@gimmyoung.com | 홈페이지 www.gimmyoungjr.com
어린이들의 책놀이터 cafe.naver.com/gimmyoungjr | 드림365 cafe.naver.com/dreem365

어린이제품 안전특별법에 의한 표시사항

제품명 도서 **제조년월일** 2017년 12월 1일 **제조사명** 김영사 **주소** 10881 경기도 파주시 문발로 197
전화번호 031-955-3100 **제조국명** 대한민국 ⚠**주의** 책 모서리에 찍히거나 책장에 베이지 않게 조심하세요.

최고의 어린이 과학 콘텐츠

디스커버리 에듀케이션 정식 계약판!

Discovery EDUCATION

맛있는 과학

14 | 혼합물

민주영 지음 | 김준연 그림 | 류지윤 외 감수

주니어김영사

차례

1. 물질의 특성

2. 밀도 차이에 의한 혼합물의 분리

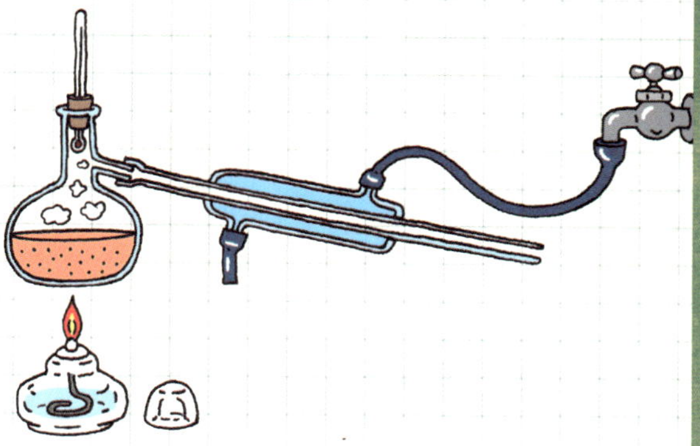

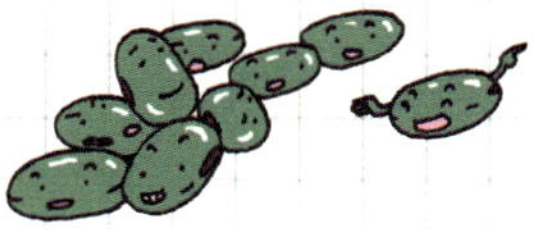

관련 교과

초등 3학년 1학기 1. 우리 생활과 물질
초등 3학년 2학기 3. 혼합물의 분리
중학교 1학년 1. 물질의 세 가지 상태
중학교 3학년 3. 물질의 구성

1. 물질의 특성

우리는 흔히 물질이나 물체라는 단어를 많이 사용합니다. 그런데 여러분은 그것이 무슨 뜻인지 정확히 알고 있나요? 물질과 물체는 어떻게 다를까요? 그리고 물질은 어떤 특성이 있을까요? 지금부터 물질의 뜻과 그 특성에 대해 알아봅시다.

겉보기성질

물체와 물질

1년에 한 번뿐인 생일에 부모님께 소꿉놀이 세트를 선물받았습니다. 신이 나서 열어 보니 그 안에는 주방 용품, 목욕 용품, 침실 용품 등 없는 것이 없습니다. 그래서 우리 집을 한번 둘러봤더니 역시 집과 똑같을 수는 없는 모양이에요. 집에는 유리창, 유리컵, 유리병처럼 유리로 된 물건이 많은데 소꿉놀이 세트 안에는 유리로 된 물건이 하나도 없습니다.

소꿉놀이 세트에는 혹시나 유리가 깨져서 여러분이 다칠까 봐 유리 제품은 넣어 두지 않은 모양입니다. 유리창은 보통 투명하기 때문에 집에 햇빛

유리병, 유리컵, 돋보기, 모두 유리로 만든 '물체'이다.

이 잘 들어오게 해 주지요. 또 유리컵은 안이 보이기 때문에 내용물을 쉽게 확인할 수 있습니다. 이렇게 유리로 만든 것을 물체라고 부릅니다. 유리로 만들어져서가 아니라 특정한 재료로 만들어진 것을 통틀어 물체라고 부르며 그 특정한 재료를 물질이라 합니다.

유리컵은 물체이지만 유리는 물질입니다. 우리 주변에서 볼 수 있는 사물 하나하나가 물체이고, 그 물체를 이루는 나무·종이·고무·금속 등이 물질입니다. 그리고 이런 물질들은 일정한 성질을 가지고 있습니다. 그렇다면 물질은 어떤 성질을 가지고 있을까요?

겉보기성질이란 무엇인가요?

주방에 들어갔더니 식탁 위에 반짝거리는 하얀 고체가 흰 그릇에 담겨 있네요. 도대체 그 정체는 무엇일까요? 냄새는 없고, 흰색이며, 촉감은 거칠거칠했어요. 도저히 이 고체 물질이 무엇인지 알 방법이 없어서 과감히 찍어 먹었더니……. 악, 너무 짰습니다. 바로 소금이었던 것입니다. 그런데 그것이 소금인 줄은 어떻게 알았지요? 바로 짠맛 때문입니다. 우리는 흔히 짜면 소금, 달면 설탕이라고 생각합니다. 그 맛이 양에 따라 변하지 않고 그 물질만이 항상 가지고 있는 고유한 성질이니까요.

짠맛은 소금의 겉보기성질 중 하나이다.

우리 몸의 감각기관을 통해 쉽게 알 수 있는 물질의 특성을 겉보기성질이라고 합니다. 색, 맛, 냄새, 촉감, 굳기, 결정 모양이 겉보기성질을 나

타내 줍니다.

우리가 하는 흔한 말들 중에 "악, 방귀 냄새!" "아, 피자 냄새!" "와, 포도 맛이다!"라고 말하는 것도 전부 그 물질이 특이한 냄새나 맛, 색깔 또는 촉감을 가지고 있기 때문입니다.

또한 겉보기성질은 꼭 감각기관만으로 관찰하지 않습니다. 현미경이나 돋보기를 사용해서 관찰할 수 있지요. 예를 들어, 현미경으로 소금을 확대해서 보면 소금 알갱이 하나하나가 같은 모양을 하고 있습니다. 그 모양도 겉보기성질입니다.

귀금속 가게에 가면 진짜 다이아몬드를 가려내기 위해 돋보기 같은 도구를 눈에 대고 보는 경우가 있습니다. 다이아몬드는 사각뿔을 두 개 붙여 놓은 모양입니다. 이런 모양을 팔면체라고 하지요. 다이아몬드가 팔면체이기 때문에 그 모양을 돋보기로 확인하는 것입니다.

물질의 특성을 나타내는 것 중 하나인 굳기는 물질의 단단한 정도를 비교하는 것입니다. 진짜 금인지 아닌지 모를 때 금을 살짝 깨물어 보는 것이 대표적인 예입니다. 만약 흠집이 약간 나면 진짜 금이라고 할 수 있고, 아주 단단하다면 순수한 금이라고 보기는 어렵습니다. 하지만 절대적으로

왼쪽부터 소금, 설탕, 다이아몬드를 확대한 모습. 현미경이나 돋보기를 사용해서 물질의 겉보기성질을 관찰할 수 있다.

프리드리히 모스
Friedrich Mohs, 1773~1839

독일의 광물학자입니다. 1822년, 열 가지 광물을 선정하여 1부터 10까지 광물의 굳기를 측정하는 기준을 마련했는데, 이것을 모스의 굳기계라고 합니다. 모스의 굳기계는 지금도 광물의 굳기를 측정하는 데에 사용되고 있습니다.

"얼마만큼 흠집이 나면 이 물질이다."라는 정의는 내릴 수 없습니다. 대신 물질끼리 부딪쳐 봐서 흠집이 나면 무르다고 할 수 있고, 흠집이 나지 않으면 단단하다고 할 수 있습니다.

광물의 굳기를 비교할 때에는 프리드리히 모스라는 과학자가 만든 표를 사용합니다. 모스는 굳기가 다른 열 가지 광물을 선정해서 굳기를 비교하고 이를 표로 만들었습니다. 지구에는 너무 많은 종류의 광물이 있어서 모든 광물의 굳기를 서로 비교하기는 쉽지 않습니다. 그래서 열 가지 광물을 기준으로 삼아 굳기를 비교합니다. 그 굳기표의 한 광물과 굳기를 알고 싶은 한 광물을 서로 긁어 보고 그 광물의 굳기가 어느 정도인지 알아볼 수 있습니다.

색도 겉보기성질에 해당합니다. 어떤 물질을 봤을 때 "어! 금색이다."라고 말하는 것은 금이라는 물질이 가진 고유한 성질을 표현했다고 할 수 있습니다.

이 밖에도 우리가 알 만한 많은 겉보기성질이 있지만 겉보기성질만으로 그 물질을 정확히 알 수는 없습니다. 워낙 비슷한 물질이 많기 때문입니다. 따라서 다른 물질의 특성까지 알면 더 정확히 그 물질이 무엇인지 알 수 있습니다.

TIP 요건 몰랐지?

천일염

소금이 없다면 우리 생활이 어떻게 될지 상상해 본 적이 있나요? 소금은 아주 오랜 옛날부터 음식의 조미료로 널리 사용되어 왔습니다. 여러분이 먹는 거의 모든 음식에 소금이 맛을 내는 중요한 역할을 합니다.

이 소금은 크게 두 가지로 나눌 수 있습니다. 하나는 천일염이고, 다른 하나는 정제염입니다. 천일염은 바닷물을 햇볕과 바람에 증발시켜 만든 소금으로써, 굵고 반투명한 육각형의 결정입니다. 정제염은 바닷물을 전기 분해하여 불순물을 제거하고 다시 결정을 만든 소금입니다.

천일염에는 칼슘, 마그네슘, 아연, 칼륨, 철 등의 무기질과 수분이 많기 때문에 채소나 생선의 절임에 좋아 김치를 담그거나 간장, 된장을 만들 때 주로 쓰입니다. 우리나라 천일염 생산량은 전라남도 신안군이 65%를 차지하며, 품질도 세계적으로 뛰어납니다.

천일염은 바닷물을 햇볕과 바람에 증발시켜 만든 소금이다. © V. C. Vulfo@the Wikimedia Commons

밀도

달걀과 밀도

시장에서 달걀을 사서 집으로 왔습니다. 그런데 냉장고를 열었더니 달걀이 몇 개 남아 있더라고요. 새로 사 온 달걀과 먼저 있던 달걀을 분리해서 넣어 놓는다는 것을 깜빡하고 그냥 같이 섞어 버렸어요. 며칠 후, 오래된 달걀을 먼저 먹기 위해 냉장고 문을 열었는데, 무엇이 먼저 사 온 달걀인지 구별할 수가 없었어요. 그래서 큰 그릇에 소금물을 붓고 오래된 달걀과 새로 사 온 달걀을 함께 넣었더니 하나는 뜨고, 하나는 가라앉습니다. 어떤

달걀 껍질 안쪽에는 얇은 막이 하나 더 있다.

원리로 이런 현상이 일어날까요?

이유는 간단합니다. 삶은 달걀의 껍질을 벗겨 본 적이 있지요? 달걀에는 겉이 단단한 껍질 외에도 안쪽에 얇은 막이 하나 더 있습니다. 약간 투명하고 비닐 같은 속껍질입니다. 닭이 알을 낳았을 때에는 굉장히 따뜻한 상태인데, 이것을 오래 보관하기 위해서 냉장고에 넣게 되면 속껍질이 수축해서 단단한 껍질에서 분리됩니다. 그러면 두 껍질 사이에 공간이 생기겠지요. 시간이 지나면서 여기에 공기가 조금씩 들어차면 밀도가 작아져 달걀이 소금물 위에 뜨는 것입니다.

밀도란 무엇인가요?

밀도란 물질의 부피에 대한 질량입니다. 어느 것이 가볍고 무겁냐를 따지는 기준이 되지요. 한 가지 예를 들어 보겠습니다. 주먹만 한 얼음 한 덩어리와 물 한 컵 중 무엇이 더 무거울까요? 같은 부피라면 물이 더 무겁다고 말할 수 있습니다. 왜냐하면 물은 실온에서 밀도가 1g/*ml*이지만, 얼음은 그보다 작은 0.9g/*ml*입니다. 무슨 말인지 모르겠지요? 어렵게 생각할 필요가 없습니다. 물과 얼음을 똑같은 부피인 1*ml*를 놓고 비교했을 때 물은 1g이고 얼음은 0.9g이라는 뜻입니다. 그러니 당연히 물이 무겁겠지요.

밀도는 물질이 가진 특성이기 때문에 온도나 압력 같은 외부 상황에 의해서는 변하지만, 물질의 양에 의해서는 변하지 않고 일정한 값을 가집니다. 따라서 물 한 컵과 얼음 한 덩이의 부피가 같다면 물이 더 무겁습니다. 이것이 얼음이 항상 물 위에 떠 있는 이유입니다. 극지방에 있는 빙하를 생각해 보세요. 엄청나게 큰 덩어리인데도 항상 물 위에 떠 있습니다.

보통 얼음의 양이 많아지면 무거워서 물 아래로 가라앉을 수 있다고 생각하기 쉽습니다. 하지만 얼음이 물보다 밀도가 작기 때문에 물 위로 떠오를 수밖에 없습니다. 또 하나 특이한 점이 있습니다. 얼음이 물 위에 떠 있는 모습을 잘 관찰해 보세요. 얼

밀도

어떤 물질의 단위 부피당 질량을 말합니다. g/㎖, g/㎤와 같이 질량을 부피로 나눈 값으로 나타냅니다. 보통은 고체·액체·기체의 순으로 밀도가 크고, 같은 부피당 질량도 큽니다. 하지만 물은 4℃ 정도에서 밀도가 가장 높지요. 그래서 물은 고체인 얼음 상태일 때보다 액체일 때 밀도가 더 높습니다.

물 위에 떠 있는 빙산.

음 전체가 떠올라 있는 것이 아니라 일부는 가라앉아 있습니다. 이것도 밀도 때문입니다. 물과 밀도의 차이가 아주 크지 않기 때문에 차이가 나는 만큼만 물 위에 뜨는 것입니다. 그래서 빙하도 물 위로 떠오른 것보다 훨씬 많은 양이 물 밑에 잠겨 있지요. 물 위에서 볼 수 있는 빙하의 양은 얼마 안 된다는 뜻입니다. 그래서 나온 말이 바로 '빙산의 일각' 입니다.

빙산의 일각

겉으로 보이는 빙산은 물 위에 모두 떠 있는 것으로 보입니다. 하지만 사실 물속에 잠겨 있는 부분이 더 많습니다. 겉으로 드러난 것보다 숨겨진 사실이 더 많다고 할 때 '빙산의 일각'이라는 표현을 씁니다.

물과 식용유의 밀도

밀도는 서로 섞이지 않는 액체 사이에서 더 자세히 볼 수 있습니다. 식용유와 물을 보세요. 식용유를 물 위에 몇 방울 떨어뜨렸을 때 물과 섞이지도 않고 물 밑으로 가라앉지도 않습니다. 물과 식용유가 들어 있는 시험관을 흔들었다가 놓아도 다시 물 층과 식용유 층으로 분리되고 식용유는 항상 물 위에 떠 있습니다. 이것은 식용유의 밀도가 물보다 작기 때문입니다. 서로 섞이지 않는 이유는 물과 식용유의 성질이 너무 다르기 때문입니다. 만약 식용유의 밀도가 물보다 크면 물이 식용유 위로 올라올 수 있습니다. 하지만 그런 일은 일어나지 않습니다. 식용유의 밀도와 물의 밀도가 갑자기 바뀌는 일은 없을 테니까요. 이런 성질 때문에 유조선이 바다에서 사고를 당했을 때 기름이 물에 섞이지 않고 물 위로 떠오르는 것입니다.

TIP 요건 몰랐지?

간단하고 편리한 비중계 만들기

비중계란 용액이 얼마나 진한지를 측정하는 기계입니다. 용액은 농도에 따라 밀도가 달라지는데, 농도가 진할수록 밀도가 커져 더 아래로 가라앉으려는 성질을 갖게 됩니다. 따라서 여러 가지 농도의 소금물을 만들고 방울토마토를 하나씩 넣어 보면 그 소금물이 대충 얼마나 진한지 알 수 있습니다. 하지만 어떤 용액이 얼마나 더 농도가 진한지, 밀도가 얼마나 큰지 정확히 측정할 수는 없습니다. 그래서 비중계를 만듭니다. 용액에 비중계를 띄워 보면 정확한 수치를 알 수 있습니다.

집에서 간단하고 편리한 비중계를 만들어 볼까요? 지름이 1㎝ 정도인 수수깡을 10㎝ 길이로 잘라 유성 펜으로 눈금을 일정한 간격으로 매기세요. 수성 펜은 물에 담그면 지워질 수 있기 때문에 꼭 유성 펜을 써야 합니다. 또 수수깡을 그냥 넣으면 쓰러질 수 있으므로 맨 밑 1㎝ 위쪽으로 압정을 세 개 정도 꽂아 주세요. 압정이 아래로 내려가도록 용액에 수수깡을 담그면 완성입니다.

끓는점

끓는점이란 무엇인가요?

집에서 라면을 끓여 본 적이 있나요? 가스레인지에 올려놓은 물이 끓기까지 기다리는 시간이 매우 지루하지요. 만약 한 개가 아니라 여러 개를 끓이려면 그만큼 물 끓는 시간이 오래 걸립니다. 물 끓는 시간이 오래 걸린다는 것은 무슨 뜻일까요? 보통 물이 끓는 온도가 섭씨 100℃인데 물의 양이 많으면 100℃보다 더 높은 온도에서 끓는다는 말일까요?

액체는 열을 가하면 분자 사이의 잡아당기는 힘이 작아집니다. 분자란

어떤 물질이 자기 성질을 잃지 않고 분리될 수 있는 최소의 입자를 말합니다. 물질의 고유한 성질을 가진 가장 작은 조각이라고 할 수 있지요. 이 분자끼리 잡아당기는 힘을 인력이라고 부릅니다. 열을 받아 점점 작아진 인력은 어느 순간 없어질 수도 있습니다. 그 상태가 바로 액체가 기체로 바뀌는 순간입니다. 온도는 계속 같은 비율로 올라가다가 끓기 시작하는 순간 더 이상 올라가지 않습니다. 물을 끓이다 보면 온도가 올라가지 않는 구간이 나오는데, 그때의 온도가 100℃입니다. 이 온도는 물질의 양에 따라 달라지지 않고 항상 같은 값을 유지합니다. 액체가 끓기 시작하는 때의 온도를 끓는점이라고 합니다.

끓는점은 양에 따라 달라지지 않고 항상 일정한 값을 가지고 있기 때문에 역시 물질의 특성이 될 수 있습니다. 옆의 표를 보면 물질마다 끓는점이 모두 다르다는 사실을 알 수 있습니다. 이렇게 차이가 나는 이유는 각 물질이 가지고 있는 분자 사이의 인력이 다르기 때문입니다. 분자 사이의 인력이 다르므로 모두 끓는 데 필요한 열의 양이 다릅니다. 따라서 끓는점도 다를 수밖에 없겠지요.

물질	끓는점(℃)
아세톤	56.5
메탄올	64.7
에탄올	78
물	100
벤젠	80.1

끓는점과 압력

요즘은 산에 가면 여기저기 '취사 금지'라는 푯말이 세워져 있습니다. 이렇게 취사를 금지하는 이유는 무엇보다 산불을

기압

공기가 누르는 압력을 말합니다. 우리가 살고 있는 지표면의 기압은 장소에 따라 차이가 있지만 보통 1기압 정도입니다. 우리는 기압에 익숙하기 때문에 느끼지 못하지만, 1기압은 10미터의 물기둥이 누르는 압력과 맞먹습니다.

예방하기 위해서이지만 또 한 가지 숨겨진 이유가 있습니다. 산에서 하는 밥은 정말 맛이 없기 때문입니다.

높은 산에 올라가면 공기의 양이 적어집니다. 당연히 공기가 누르는 기압도 작아지겠지요. 그러면 평소보다 물이 낮은 온도에서 끓습니다. 액체의 끓는 온도는 기압과 큰 관련이 있습니다. 외부 기압이 낮으면 끓는점도 낮아지고, 외부 기압이 높으면 끓는점도 높아집니다. 산에 올라가면 기압이 낮아지므로 100℃보다 낮은 온도에서 물이 끓겠지요. 그 결과 쌀이 충분히 익지 않기 때문에 밑은 타고, 위는 덜 익고, 중간 부분만 익는 삼층밥이 되어 버립니다. 이런 문제를 해결하기 위해서는 밥을 지을 때 냄비 뚜껑 위에 돌멩이를 얹으면 됩니다. 뚜껑이 열리지 않아 수증기가 빠져나오지 못하므로 냄비 안의 압력이 높아지겠지요. 그러면 100℃에서 물이 끓기 때문에 쌀이 충분히 익어 맛있는 밥이 됩니다.

이렇게 끓는점은 압력에 의해서 변할 수 있기 때문에 끓는점을 말할 때 항상 압력도 같이 다루어 주어야 합니다. 물이 100℃에서 끓는다는 것은 지표에서의 기압이 1기압(atm)일 때의 끓는점을 말합니다. 이것을 표준끓는점 또는 기준끓는점이라고 합니다.

집에서 어른들이 사용하는 밥솥을 잘 보세요. 거의 다 압력솥일 것입니다. 압력솥은 솥 안의 압력을 높여 100℃보다 높은 온도에서 끓게 만듭니다. 그러면 짧은 시간 안에 쌀이 익기 때문에 맛있는 밥을 지을 수 있습니다.

TIP 요건 몰랐지?

물질의 상태에 따른 분자 모형

물질은 분자 사이에 잡아당기는 힘인 인력이 매우 크면 규칙적인 모양을 갖게 됩니다. 고체는 인력이 액체나 기체에 비해 크기 때문에 항상 일정한 모양을 가지고 있지요. 따라서 고체는 어떤 그릇에 담더라도 모양이 변하지 않습니다. 고체에 비하면 액체는 인력이 너무 작습니다. 따라서 분자끼리 단단히 결합되어 있지 못하지요. 그런 느슨한 결합 때문에 액체는 일정한 모양을 갖추지 못하고 담는 그릇에 따라 모양을 바꾸며 흐를 수 있습니다. 기체는 아예 인력이 없기 때문에 매우 자유롭게 움직입니다. 만약 뚜껑이 없는 곳에 기체를 담는다면 인력이 없는 기체 분자는 마음대로 날아갑니다. 풍선을 크게 불어 놓으면 오랜 시간이 흐른 후 풍선의 크기가 작아지지요. 이것도 풍선 안의 기체 분자가 서로 당기는 힘이 없어 풍선의 작은 틈으로 빠져나왔기 때문입니다.

고체　　　　액체　　　　기체

녹는점

녹는점과 어는점

액체에 열을 가하면 분자 사이에 인력이 작아져 기체가 된다는 사실을 알아보았습니다. 그리고 액체가 끓기 시작하는 때의 온도를 끓는점이라고 했지요. 고체에 열을 가할 때에도 같은 현상이 일어납니다. 고체도 열을 받으면 분자 사이의 인력이 약해져서 상태가 변하기 때문입니다. 예를 들어, 얼음을 그릇에 넣고 열을 가하면 물이 되지요? 온도계로 얼음이 녹을 때의

온도를 측정해 보면 0℃일 것입니다. 이렇게 고체가 액체로 바뀔 때의 온도를 녹는점이라고 합니다. 얼음은 그 양에 상관없이 항상 0℃에서 녹습니다. 그러면 얼음이 어는 온도는 몇 도일까요? 그 역시 0℃입니다. 한 물질의 녹는 온도와 어는 온도는 같답니다. 이 말은 녹는점과 어는점이 같다는 뜻입니다. 그리고 이 온도는 양에 따라 변하지 않으니 녹는점도 물질의 특성이 될 수 있습니다.

식초의 어는점

식초는 초산이라고도 부릅니다. 초산을 굉장히 많은 물과 함께 섞어 놓은 것이 식초입니다. 우리가 생각하기에 식초는 늘 액체 상태입니다. 그래서 아무 의심 없이 초산도 액체라고 생각하기 쉽습니다. 그런데 초산은 한

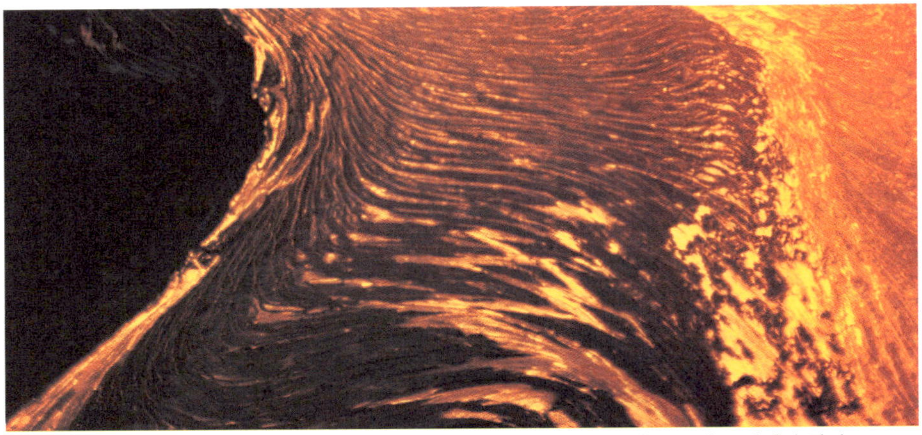
화산이 활동할 때 흘러넘치는 용암은 암석이 녹은 것이다. 높은 온도에서는 고체도 액체가 된다.

여름을 제외하고는 거의 고체 상태입니다. 어는점이 17℃나 되기 때문이지요. 17℃보다 높을 때에는 액체로 녹지만, 그보다 온도가 낮아지면 얼어버립니다. 식초는 초산에 물을 많이 넣어 만들었기 때문에 어는점이 낮아져 얼지 않습니다. 한겨울에 강물이 얼어도 바닷물은 얼지 않는 것과 같은 원리입니다.

금속의 녹는점

철, 알루미늄, 구리, 금, 은과 같은 금속이 액체인 것을 혹시 본 적 있나요? 금속은 상온(15℃)에서 고체로 존재합니다. 단, 수은은 제외입니다. 수은은 녹는점은 영하 38℃이기 때문입니다. 그래서 영하 38℃보다 낮은 온도에서는 고체로 존재하지만, 그보다 높은 온도에서는 항상 액체로 존재합니다. 나머지 금속의 녹는점은 굉장히 높습니다. 제철소에 견학을 가 보면 금속을 녹이기 위해 지피는 불 때문에 겨울에도 땀을 뻘뻘 흘리면서 구경해야 한답니다.

TIP 요건 몰랐지?

우리 집 지킴이 퓨즈

납의 녹는점은 약 328℃이고, 주석의 녹는점은 약 232℃입니다. 그런데 이 둘을 녹여 섞은 다음 다시 굳혀 주면 녹는점이 200℃밖에 안 되는 땜납이라는 금속이 만들어집니다. 땜납은 다른 금속에 비해 녹는점이 매우 낮아 금속을 붙일 때 주로 사용됩니다.

이와 같은 원리로 만든 장치가 퓨즈입니다. 너무 많은 전류가 흐르면 전선에 열이 과하게 흘러 금속 자체가 녹아 끊어집니다. 계속해서 열이 흘러 과열되면 자칫 불이 날 수 있지요. 그 상황을 땜납의 낮은 녹는점을 이용하면 우리 집을 안전하게 지킬 수 있습니다.

높은 온도에서 녹아 버린 퓨즈. 가운데 유리관 안에 녹아 버린 퓨즈를 확인할 수 있다.

순물질과 혼합물

염류

바닷물을 짜게 만드는 물질을 말합니다. 대표적으로 염화나트륨(소금)이 있습니다.

혼합물의 어는점

매우 추운 겨울이 되면 시냇물도 강물도 모두 얼어 버립니다. 하지만 바닷물은 얼지 않지요. 강물은 어는데 왜 바닷물은 얼지 않을까요? 바닷물에는 염류가 들어 있기 때문입니다. 물에 다른 물질이 섞이면 어는점이 낮아집니다. 물은 원래 0℃에서 얼지만 염류가 들어간 바닷물은 더 낮은 온도에서 얼기 때문에 매우 추운 겨울에도 쉽게 얼지 않습니다. 녹는점과 어는점이 항상 같다는 원칙도 그 물질이 아무것도 섞이지 않은 순수한 물질일 때에만 해당됩니다. 따라서 바닷물처럼 여러 물질이 섞여 있으면 어는점은 섞인 물질의 양에 따라 그 값이 달라질 수도 있습니다.

간혹 바닷물이 잘 얼지 않는 이유를 양이 너무 많아서라고 생각하는 사

람도 있습니다. 하지만 이미 앞에서도 말했듯이 어는점은 물질의 양과는 상관없이 항상 똑같습니다. 겨울에 눈이 내리면 눈 위에 염화칼슘을 뿌리지요. 염화칼슘과 눈을 섞어 어는점을 낮추기 위해서입니다. 어는점이 낮아진 눈과 염화칼슘의 혼합물은 0℃에서도 얼어붙지 않아 빙판이 생기지 않습니다.

순물질과 혼합물의 뜻

녹는점, 끓는점, 밀도처럼 항상 같은 값을 갖는 것을 물질의 특성이라고 합니다. 그런데 이것은 물, 소금, 설탕처럼 순수한 물질일 때에만 해당됩니다. 섞여 있지 않은 순수한 물질을 순물질이라 하고, 바닷물, 설탕물처럼 두 가지 이상이 섞여 있는 물질을 혼합물이라 합니다. 혼합물은 그 성분이 무엇인지, 얼마나 섞여 있는지에 따라 물질의 특성이 달라집니다.

주스는 흔들어 마셔야 하는 불균일혼합물이다.

균일혼합물과 불균일혼합물

혼합물은 크게 균일혼합물과 불균일혼합물로 나뉩니다. 예를 들어, 소금물이나 설탕물은 어느 부분이나 맛이 같은데, 오렌지 주스를 흔들지 않고 마시면 윗부분은 맹물이고 아랫부분은 진한 맛이 납니다. 소금물이나 설탕물처럼 어느 부분이나 색과 맛이 같은 혼합물을 균일혼합물이라고 합니다. 공기도 균일혼합물입니다. 산에 올라가면 공기의 양이 적어지므로 공기가 균일혼합물이 아니라고 생각할 수도 있습니다. 하지만 균일혼합물의 판단 기준은 공기의 양이 아니라 공기 중의 여러 가지 기체가 얼마나 골고루 섞여 있는지를 따지는 것입니다. 만약 공기의 양은 같은데 어떤 방에는 질소만 가득하고, 또 다른 방에는 산소만 가득하다면 어떨까요? 산소가 있는 방은 생명체가 살아가기에 별 문제가 없겠지만 질소만 가득한 방은 생명체가 살기 어려울 것입니다.

주스나 흙탕물처럼 무엇인가가 가라앉아 있는 혼합물을 불균일혼합물이라 합니다. 이 불균일혼합물은 흔들어 주면 균일하게 퍼져 있다가 시간이 지나면 다시 가라앉는 물질이 생깁니다. 초콜릿 우유나 주스 등 음료 용기에 "꼭 흔들어 드세요."라고 표기되어 있는 것을 본 적이 있나요? 그런 음료들도 모두 불균일혼합물입니다.

두랄루민이 주요 재료인 비행기. ⓒ Jarek Tuszynski (Jarekt@Wikimedia Commons)

혼합물의 활용

혼합물은 우리 생활에 많이 쓰이고 있습니다. 가끔 비행기를 보고 있으면 '저렇게 무거운 고철 덩어리가 어떻게 날 수 있을까?' 라는 생각이 들 때가 있지요. 이 의문은 비행기의 몸체가 무엇으로 만들어졌는지를 알면 쉽게 풀립니다. 비행기의 몸체는 순수한 철로만 만들지 않습니다. 비행기 몸체의 주요 재료는 두랄루민입니다. 두랄루민은 구리와 마그네슘을 섞어 만든 합금입니다. 이것은 튼튼하고 밀도가 작아 가볍기 때문에 비행기나 우주선을 만들 때 많이 이용됩니다. 가벼운 무게 덕분에 연료비를 아낄 수 있다는 장점도 있습니다.

이 밖에도 과산화수소의 화학변화도 혼합물이 활용되는 예입니다. 상처 부위를 소독하기 위해 과산화수소를 뿌리면 기체가 발생해 거품이 생깁니다. 과산화수소가 다른 성질을 가지고 있는 산소와 물로 변하기 때문입니다.

Q&A 꼭 알고 넘어가자!

문제 1 물질과 물체는 어떻게 다른가요?

문제 2 겉보기성질이란 무엇인가요? 또 우리는 겉보기성질을 통해 무엇을 알 수 있나요?

3. 어떤 물질이 물 위에 뜨고 가라앉는 것은 무게나 양 때문이 아니라 밀도 때문입니다. 밀도가 물보다 높으면 가라앉고 낮으면 뜨지요. 보통 물질은 고체 상태일 때가 액체 상태일 때보다 밀도가 높지만 물은 섭씨 4℃ 정도에서 밀도가 가장 높고 오히려 얼음이 되면 밀도가 낮아집니다. 그래서 빙산이 바다 위에 뜰 수 있습니다.

4. 순수한 물질은 어는점 등이 일정하지만, 혼합물은 섞인 물질이 무엇인지, 또 얼마나 섞였는지에 따라 어는점이 달라집니다. 물과 염화칼슘이 만나면 어는점이 낮아지지요. 그래서 눈이 오는 날 바닥에 염화칼슘을 뿌리면 어는점이 낮아져 잘 얼지 않습니다.

문제 3 엄청나게 크고 무거운 빙산은 어떻게 물 위에 뜰까요?

문제 4 눈이 많이 오는 겨울날, 바닥이 얼지 않게 염화칼슘을 뿌립니다. 이것은 물질의 어떤 특성을 이용한 것인가요?

정답

1. 우리는 흔히 물질과 물체라는 단어를 구분 없이 쓰지만, 엄밀히 말하면 물질과 물체는 다릅니다. 물체는 우리 주변에서 볼 수 있는 특정한 재료로 만들어진 주변의 사물을 가리키는 말입니다. 그리고 물질은 물체를 만드는 재료를 가리킵니다. 유리컵을 예로 든다면, 유리컵 자체는 물체이고, 유리는 물질입니다.

2. 우리 몸의 감각기관으로 알 수 있는 물질의 특성을 겉보기성질이라고 합니다. 시각, 후각, 청각, 미각, 촉각 등이 감각에 해당합니다. 감각기관을 통해 알 수 있는 맛, 냄새, 굳기 등이 모두 겉보기성질입니다.

관련 교과

초등 3학년 2학기 3. 혼합물의 분리
중학교 2학년 3. 우리 주위의 화합물

2. 밀도 차이에 의한 혼합물의 분리

두 가지 이상의 물질을 섞어 혼합물을 만들었다가 다시 그 혼합물을 분리할 수는 없을까요? 만약 소금과 물을 섞어 소금물을 만들었다면 소금물을 다시 소금과 물로 분리할 수는 없을까요? 방법이 있습니다. 바로 밀도 차이를 이용하는 것입니다. 그 방법에 대해 자세히 알아봅시다.

섞이지 않는 액체 혼합물의 분리

2007년 겨울, 충청남도 태안 앞바다에 배가 충돌하여 많은 기름이 바다로 쏟아진 충격적인 사건이 있었습니다. 많은 사람들이 바쁜 시간을 쪼개서 태안으로 몰려갔습니다. 그곳에서 바닷물 위에 둥둥 떠 있는 기름을 제거하고, 돌이나 백사장에 묻은 기름까지 모두 없애 지금은 예전의 푸른 바다의 모습을 되찾았습니다. 그런 불행한 사건에서도 한 가지 다행인 점은 기름이 물보다 가볍다는 사실이지요. 만약 기름이 물보다 무거워서 바닷속으로 가라앉았다면 아무리 많은 사람이 노력해도 그 많은 기름을 제거할 수는 없었을 것입니다.

스포이트를 이용한 혼합물의 분리

기름은 왜 물 위에 뜰까요? 밀도가 작기 때문입니다. 얼음이 물 위에 뜨는 것과 같은 현상입니다. 밀도의 뜻에 대해 복습해 볼까요. 밀도란 '물질의 부피에 대한 질량'입니다. 서로 섞이지 않는 액체의 경우는 밀도 차이를 이용하면 쉽게 분리할 수 있습니다.

우선 혼합물을 시험관에 넣습니다. 그리고 밀도 차이에 따라 액체의 층이 나뉘길 기다렸다가 액체의 한 층을 스포이트로 뽑아내면 됩니다.

어머,
생각보다
간단하잖아.
①
시험관에 혼합
액체를 넣는다.
②
시험관의 액체가 두
층으로 분리된다.
③
스포이트로 분리된
액체의 한 층을 뽑아
낸다.

분별깔때기를 이용한 혼합물의 분리

스포이트를 이용하는 방법은 혼합물의 양이 적을 때에만 쓸 수 있습니다. 혼합물의 양이 많을 때에는 분별깔때기를 이용하면 편리합니다.

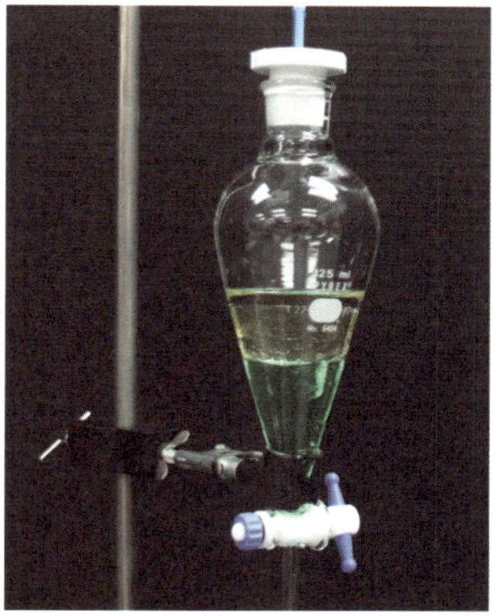
분별깔때기. ⓒ PRHaney@the Wikimedia Commons

먼저 아래 콕을 막고 액체 혼합물을 넣은 후 위쪽 마개를 덮습니다. 잘 흔든 다음 세움대에 얹어 놓고 관찰해 보면 두 층으로 갈라지는 것을 볼 수 있습니다. 층이 다 갈라지면 위쪽 마개를 열어 깔때기 안의 증기를 빼내고 아래 콕을 열어 아래쪽 액체부터 분리합니다. 위쪽 마개를 먼저 여는 이유는 흔들 때 액체의 일부가 기체로 변해 분별깔때기 안의 압력을 높이기 때문입니다. 분별

깔때기 안의 압력이 너무 높으면 밑으로 액체가 잘 안 나올 수도 있거든요. 아래쪽 액체를 다 빼내면 다른 비커에 위쪽 액체를 따라 분리합니다.

혼합물 분리의 예

우리 생활에서 혼합물 분리의 원리를 활용한 예에는 여러 가지가 있습니다. 그물로 물고기를 잡아 본 적이 있나요? 그물은 물과 물고기의 혼합물을 분리하는 도구입니다. 물은 그물을 빠져나오고 물고기는 그물에 걸리는 원리로 물고기를 잡습니다. 여기에서 한 가지 주의할 점이 있지요. 눈이 작은 그물을 사용하면 어린 새끼 물고기까지 함께 잡힙니다. 그렇게 되면 다음에는 잡을 물고기가 없어지겠지요. 따라서 그물눈의 크기를 적당하게 해서 어린 물고기는 그물을 빠져나가고 큰 물고기만 잡는 것이 좋습니다.

2007년, 태안 앞바다에서 자원봉사자들이 흡착포로 기름을 제거하고 있다. © blog.naver.com/image0419

또 다른 예에는 진공청소기가 있습니다. 청소기 속에는 먼지를 거르는 여과지가 있습니다. 그 여과지를 우리는 흔히 필터라고 부르지요. 필터는 공기와 먼지의 혼합물을 분리하는 역할을 합니다. 필터 눈의 크기는 먼지보다 작고 공기보다는 커서 먼지는 거르고 공기는 내보냅니다. 공기와 먼지 혼합물을 분리해 주는 청소기 덕분에 어른들이 집 안 청소를 좀 더 쉽게 할 수 있습니다.

분별깔때기나 시험관으로도 분리하지 못할 만큼 혼합물의 양이 많을 때는 어떻게 해야 할까요? 가령, 바닷물과 기름의 혼합물이라면 그 양을 헤아릴 수가 없겠지요. 그럴 때에는 기름을 흡수할 수 있는 흡착포 같은 도구로 밀도가 가벼운 것을 빨아들이면 됩니다. 태안 앞바다에서 기름을 제거할 때 바로 이 방법을 사용했지요.

TIP 요건 몰랐지?

소금물의 밀도

두 가지 물질을 혼합하여 용액을 만들 때 두 물질의 질량의 총합은 변함이 없습니다. 물질을 이루는 분자의 개수가 변함이 없기 때문입니다. 하지만 분자의 크기가 다르기 때문에 큰 분자 사이로 작은 분자가 끼어들면 부피는 작아집니다. 용해가 일어날 때 증가하는 질량만큼 부피가 증가하지 못하기 때문에 용액의 농도가 진해질수록 밀도는 커집니다. 같은 물질이 섞인 혼합 용액일 경우 농도가 진한 용액의 밀도가 묽은 용액에 비해 높습니다. 예를 들어 같은 설탕물이라면 진한 설탕물이 묽은 설탕물에 비해 밀도가 높지요.

물은 왜 위에서부터 얼까요?

더운 여름에 시원한 물이 마시고 싶으면 물을 냉동실에 얼려 먹으면 됩니다. 그런데 성격이 너무 급한 나머지 서둘러 꺼냈다가 위만 살짝 얼어 있는 얼음을 본 적이 있을 거예요. 또 겨울이 지나 봄이 되면 꽁꽁 얼어 있는 줄 알고 들어간 강물에 갑자기 사람이 빠져 큰 사고를 당했다는 뉴스를 보곤 하지요. 왜 물은 위에서부터 얼까요?

대부분의 물질은 고체에서 액체로, 액체에서 기체로 상태가 변하면 부피가 늘어나는데 물은 예외입니다. 물통에 물을 넣어 냉장고에서 얼려 본 적

이 있지요? 물이 얼음이 되면서 부피가 늘어나 물통이 불룩해집니다.

물의 밀도는 4℃에서 가장 큽니다. 그래서 온도가 낮아지면서 4℃가 될 때까지는 밀도가 계속 커지기 때문에 물은 밑으로 자꾸 내려가려고 하지요. 하지만 4℃에서 온도가 더 내려가면 밀도가 작아지기 때문에 물은 다시 위로 떠오릅니다. 이 떠오른 물이 찬바람에 의해 차가워져 얼음이 됩니다. 만약 이런 현상이 일어나지 않고 물이 아래에서부터 언다면 물속에 사는 물고기들은 겨울이 되면 전부 얼어 죽겠지요. 다행히 위쪽부터 물이 얼어 바깥쪽 차가운 공기를 막아 줍니다. 그 덕분에 물고기들은 추운 겨울을 따듯하게 보낼 수 있습니다. 위층의 두꺼운 얼음이 바람막이가 되어 주는 것입니다.

■ **물의 밀도 그래프**

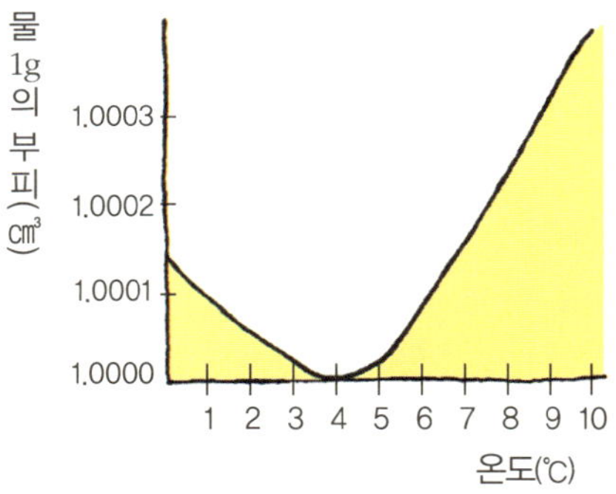

〈온도에 따른 물의 부피 변화〉

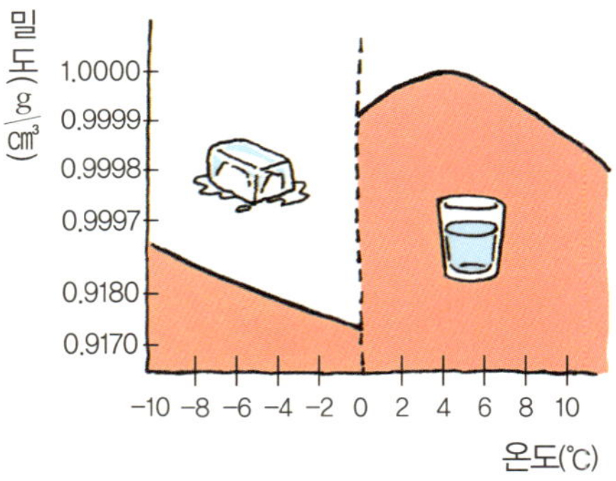

〈온도에 따른 물의 밀도 변화〉

TIP 요건 몰랐지?

하늘을 날고 싶어요

가끔 만화를 보면 열기구를 타고 하늘을 날아다니는 주인공들을 볼 수 있습니다. 그때마다 '참 재미있겠다. 나도 날고 싶다.'라는 생각을 해 보지요.

열기구의 원리는 생각보다 간단합니다. 열기구 안쪽을 가열하면 풍선 안쪽의 공기가 따뜻하게 데워집니다. 그 안에서 분자들은 매우 활발히 움직이겠지요. 그러면서 공간을 계속 넓혀 풍선 안의 공기는 부피가 굉장히 커지게 됩니다. 따라서 상대적으로 밀도가 낮아지지요. 밀도가 낮은 얼음이 밀도가 높은 물 위로 떠오르는 것처럼, 밀도가 낮은 공기는 밀도가 높은 공기 위로 떠오릅니다. 하늘을 나는 열기구의 원리, 생각보다 간단하지요?

밀도의 차이를 활용해요

밀도와 볍씨 고르기

봄에 모내기를 해서 가을에 수확합니다. 모내기를 하려면 먼저 볍씨를 키워서 모를 만들어야 합니다. 그런데 볍씨를 보니 어떤 것은 튼튼해 보이고 어떤 것은 속이 비어 있네요. 속이 빈 볍씨는 심어도 모가 제대로 만들어지지 않습니다. 그래서 농부들은 볍씨를 심기 전에 좋은 볍씨와 속이 빈 볍씨를 고르는 작업을 합니다. 이때 바로 밀도의 원리를 이용합니다. 소금

물에 볍씨를 담그면 속이 꽉 차 있는 볍씨는 밀도가 커서 아래로 가라앉고 속이 빈 볍씨는 밀도가 작아 물 위로 뜹니다.

볍씨를 고르는 또 다른 방법이 있습니다. 바로 키를 이용하는 것이지요. 키가 어떤 모양인지 본 적이 있나요? 키란 곡식 따위를 까부르는 농기구인데, 요즘에는 농촌에서도 보기 어렵습니다. '까부르다'라는 말이 조금은 생소하지요? 이 말은 키를 위아래로 흔들어 곡식의 티나 검불 따위를 날려 버린다는 뜻입니다. 이 키에 곡식을 넣고 위아래로 비스듬히 휘두르면 밀도가 큰 곡식은 그 자리에 남고 속이 빈 쭉정이들은 바람에 날아갑니다. 옛날에는 어린이들이 밤에 이불에 오줌을 싸면 키를 머리에 씌워 이웃집에서 소금을 얻어 오게 하는 풍속도 있었습니다.

이와 같은 원리로 모래 속의 사금을 채취하기도 합니다. 금이 섞여 있는 모래를 넓은 쟁반 같은 데에 담아 흐르는 물에 흘려보내면 작은 모래알은 흘려 내려가고 모래알보다 밀도가 큰 금은 남습니다.

옛날에 사금을 채취하던 광부들.

밀도와 조리

요즘은 농업 기술도 많이 발달하여 돌이 섞인 쌀이 별로 없습니다. 하지만 예전에는 쌀에 돌이 섞인 경우가 많았습니다. 그래서 밥을 할 때에는 '조리'라는 도구를 사용했지요. 조리로 물을 일렁거리게 하면 밀도가 큰 돌은 가라앉고 쌀은 일렁거리는 물에 섞여 조리 위로 올라오게 됩니다. 쌀

밀도의 차이를 이용해 쌀을 이는 조리.

의 밀도가 돌의 밀도보다 작기 때문에 분리할 수 있습니다.

밀도 차이에 의한 분리는 쓰레기 재활용에서도 사용됩니다. 먼저 재활용 쓰레기를 잘게 부수어 컨베이어 벨트 기계에 쏟아붓습니다. 그러면 위에 있는 커다란 자석이 고철을 분리해 내지요. 그런 다음 벨트를 진동시켜 밀도가 큰 유리 같은 것들은 바닥에 떨어뜨리고 밀도가 작은 플라스틱 같은 것들은 앞으로 떨어뜨려서 쓰레기를 분리합니다.

컨베이어 벨트

물건을 자동으로 운반하기 위한 띠 모양의 장치입니다. 대형 마트에서 물건을 계산대 위에 올려놓았을 때 자동으로 물건이 이동하지요. 계산대 위에 띠로 된 장치가 컨베이어 벨트의 한 종류입니다.

TIP 요건 몰랐지?

가스 누출 경보기

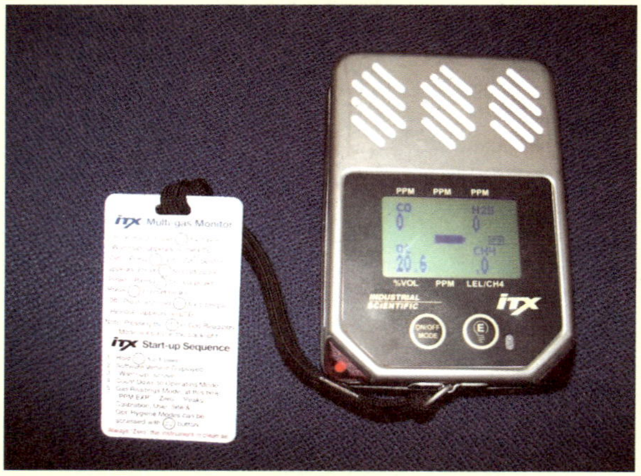

가스 누출 경보기. ⓒ Sansumaria@the Wikimdia Commons

가스레인지는 우리 생활을 편리하게 해 줍니다. 하지만 우리는 가스레인지의 위험에 대해서는 깊이 생각하지 못합니다. 그러다가 텔레비전에서 가스가 폭발했다는 뉴스를 들으면 그때서야 다시 한 번 안전을 생각하게 되지요.

가스가 누출되어 폭발하는 사고를 막아 주는 장치가 바로 가스 누출 경보기입니다. 가스 누출 경보기는 해로운 가스가 일정 농도 이상이 되면 자동으로 경보를 울려 주는 장치입니다. 그런데 이 가스 누출 경보기는 장소에 따라 천장에 달려 있거나, 바닥 쪽에 설치되어 있습니다. 그 이유는 무엇일까요?

일반적으로 집에서 사용하는 가스레인지의 연료는 LNG(액화 천연가스) 또는 LPG(액화 석유가스)입니다. LNG는 메탄가스가 주요 성분입니다. 메탄가스는 공기보다 밀도가 작아서 가스가 새면 위로 뜹니다. 집에 있는 가스 누출 경보기가 천장에 달려 있다면 그 집은 LNG를 사용하는 것입니다. 반대로 LPG는 프로판과 부탄이 주요 성분입니다. 이것들은 공기보다 밀도가 커서 가스가 새면 아래로 가라앉습니다. 그래서 LPG를 사용하는 곳에서는 가스 누출 경보기를 바닥 쪽에 설치합니다.

TIP 요건 몰랐지?

물과 기름을 섞을 수 없을까요?

기름과 물을 섞으면 물 위에 기름이 둥둥 뜨면서 나뉩니다. 밀도 차이가 나기 때문입니다. 이 원리를 이용하여 물과 기름을 분리할 수 있습니다. 하지만 물과 기름도 섞일 수 있다는 사실을 알고 있나요? 우리 주변에서 물과 기름이 섞인 예로 마요네즈가 있습니다. 마요네즈의 주요 재료는 식용유와 식초입니다. 식초는 대부분 물로 이루어져 있기 때문에 식용유와 섞일 수 없습니다. 그런데 달걀노른자를 넣어 잘 섞어 보세요. 층을 이루고 있던 식용유와 식초가 섞일 것입니다. 이처럼 서로 섞이지 않는 물질을 적절히 혼합하는 방법을 유화라고 합니다. 마요네즈에서는 달걀노른자가 유화제 역할을 한 것입니다.

달걀노른자를 넣는다.

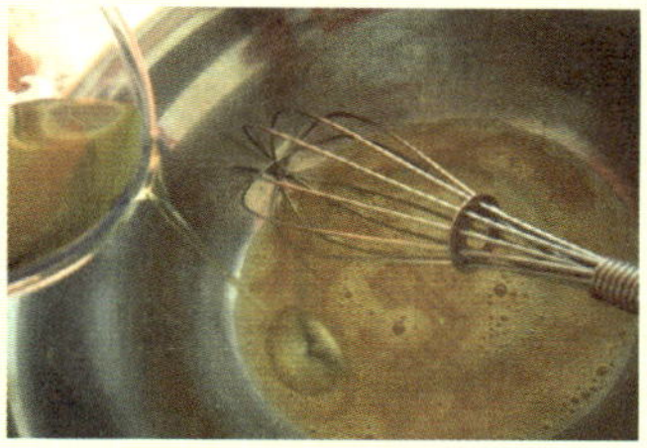
식용유를 넣는다.

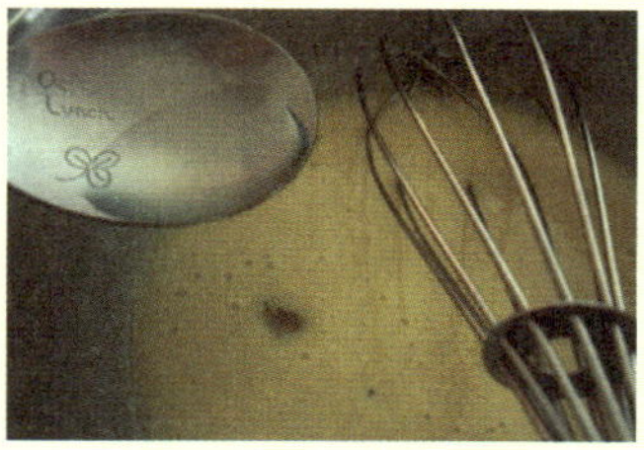
식초를 넣는다.

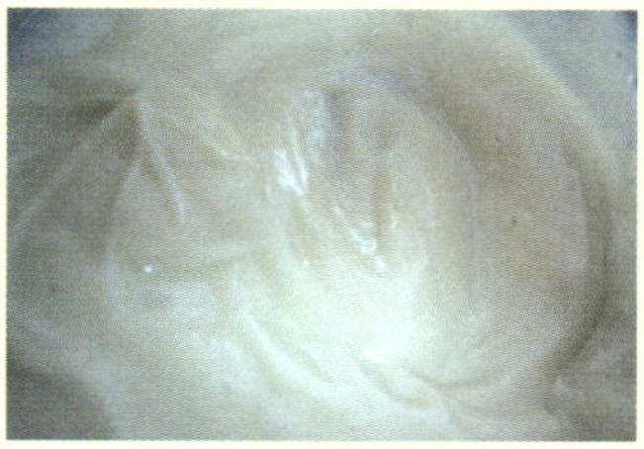
잘 저어 주면 마요네즈 완성!

Q&A 꼭 알고 넘어가자!

문제 1 물과 기름이 잘 섞이지 않는 이유는 무엇인가요? 또한 잘 섞이지 않는 두 액체가 섞여 있을 때 어떻게 분리하나요?

문제 2 물통에 물을 담고 냉동실에서 얼렸더니 물통이 불룩해졌습니다. 이런 현상은 왜 일어나나요?

3. 우리 생활에는 밀도 차이를 이용한 도구나 장치들이 여기저기 많이 쓰이고 있습니다. 예를 들어 가스 누출 경보기도 그중 하나입니다. 공기보다 무겁거나 가벼운 가스가 바닥으로 가라앉거나 떠오르는 성질을 이용한 장치입니다. 열기구도 마찬가지입니다. 열을 가할 때 풍선 안의 공기 밀도가 가벼워져 위로 떠오르는 성질을 이용한 도구입니다. 키나 조리도 밀도 차이를 이용한 도구입니다.

문제 3 밀도 차이를 이용한 도구에는 무엇이 있나요?

정답

1. 물과 기름이 섞이지 않는 것은 밀도가 다르기 때문입니다. 밀도가 높은 물질은 아래로 가라앉고, 밀도가 낮은 물질은 위로 떠오릅니다. 이런 두 용액을 분리하는 방법은 크게 두 가지입니다. 양이 적을 때는 스포이트를 이용하고, 양이 많을 때에는 분별깔때기를 이용하지요. 그 밖에 유조선 사고로 인한 기름 누출처럼 그 양이 너무 많고 광범위할 때에는 흡착포를 사용하기도 합니다.

2. 물은 4℃일 때 밀도가 가장 높고, 4℃ 이하로 계속 내려가다 얼음이 되면 오히려 밀도가 낮아집니다. 그래서 같은 질량일 때에는 얼음 상태의 부피가 더 큽니다. 물통에 담은 물을 얼리면 질량에는 변화가 없지만 부 피가 커지기 때문에 물통이 불룩해집니다.

관련 교과

초등 3학년 2학기 3. 혼합물의 분리
초등 4학년 1학기 4. 모습을 바꾸는 물

3. 끓는점 차이를 이용한 분리

혼합물을 분리할 때 밀도 차이만 이용하지는 않습니다. 물질마다 저마다 고유한 끓는점이 있습니다. 이 끓는점의 차이를 이용해도 혼합물을 분리할 수 있습니다. 그러면 끓는점의 차이를 이용해 어떻게 혼합물을 분리할 수 있는지 알아봅시다.

바닷물을 식수로 만들어요

혹시 〈캐스트 어웨이〉라는 영화를 보았나요? 주인공으로 나오는 톰 행크스는 비행기 사고로 무인도에 갇히게 됩니다. 그리고 4년 만에 뗏목을 만들어 탈출에 성공하지요. 만약 무인도에 갇혀 마실 물조차 없다면 어떻게 해야 될까요?

아래 사진에 보이는 바닷물은 아주 맑아 보입니다. 맑은 물이므로 그냥 마셔도 괜찮을까요? 아닙니다. 아무리 마실 물이 없다 해도 바닷물을 마시면 큰일이 납니다. 우리의 몸이 항상 일정한 농도를 유지하기 원하기 때문

바닷물은 맑지만 그냥 마실 경우 몸속의 염분 농도가 높아져 더 많은 물이 필요해진다.

입니다. 짠 음식을 먹으면 물이 자꾸 마시고 싶고, 수박처럼 수분이 많은 음식을 먹으면 소변으로 물을 내보내려고 하지요. 그런데 목이 마르다고 짠 바닷물을 마시면 급한 갈증은 해결될지 몰라도 몸의 농도가 높아져 더 많은 양의 물을 마셔야 합니다. 만약 바닷물을 계속 마시면 탈수증으로 죽을 수도 있습니다.

탈수증
몸속의 수분이 모자라서 일어나는 증상입니다. 보통 매우 더운 날씨나 고열로 땀을 많이 흘리거나, 구토·설사 등으로 수분을 많이 배출했을 때 생길 수 있습니다. 심한 갈증이 나고, 열이 나거나 경련이 일어날 수도 있습니다.

그렇다면 무인도에서는 어떻게 마실 물을 얻어야 할까요? 액체가 기체로, 기체가 액체로 변하는 현상을 잘 이용하면 식수를 만들 수 있습니다. 냄비에 물을 붓고 끓여 보세요. 뚜껑에 하얀 김이 송골송골 맺히지요? 김이 서리는 이유는 물이 증발해서 기체인 수증기가 되었다가 냄비 뚜껑에 부딪혀 온도가 낮아지면 다시 액체로 바뀌기 때문입니다.

이 원리를 이용하면 바닷물에서 순수한 물을 분리해 낼 수 있습니다. 바닷물 대신 소금물로 순수한 물을 얻어 내는 실험을 해 볼까요? 우선 밑이 넓은 냄비에 소금물을 넣습니다. 냄비의 가운데에 우유 팩을 하나 넣습니다. 이때 우유 팩이 가벼워서 넘어질 수 있으므로 깨끗한 돌을 우유 팩 안에 넣어 중심을 잡아 줍니다. 냄비의 뚜껑을 덮지 말고 랩으로 살짝 덮어 주세요. 그리고 랩의 가운데에 얼음을 올려 두면 실험할 준비가 다 되었습니다.

이제 약한 불로 물을 끓여 주세요. 너무 높은 온도로 가열하면 랩이 눌어붙을 수 있으므로 적당한 온도를 유지해야 합니다. 시간이 지나면 소금물이 끓기 시작할 것입니다. 물이 끓으면 수증기가 생기는데, 랩에 의해 막혀 있으니 날아가지 못하고 랩에 달라붙습니다. 그런데 랩 위에 얼음을 올려놓았기 때문에 수증기에 비해 랩은 너무 차갑습니다. 수증기가 차가운 랩

에 달라붙으면 다시 물로 변합니다. 그 물이 우유 팩에 똑똑 떨어지지요. 이때 주의해야 할 점은 랩을 느슨하게 덮어 주어야 한다는 것입니다. 너무 팽팽하게 랩을 덮으면 수증기가 가운데로 타고 내려올 수 없습니다.

탁주로 청주 만들기

술에는 막걸리 같은 탁한 술과 소주처럼 맑은 술이 있습니다. 탁한 술은 탁주, 맑은 술은 청주라고 하지요. 그런데 옛날 우리 조상들은 탁주로 청주를 만들었습니다.

탁주는 쌀과 보리 같은 곡식을 쪄서 누룩과 함께 물에 넣어 발효한 술입니다. 곡식이 들어갔기 때문에 식혜처럼 뿌옇고 가라앉는 물질이 생기는 것이 특징입니다. 이런 탁주를 끓이면 맑은 청주를 얻을 수 있습니다. 바닷물을 끓여 식수를 얻는 것과 같은 원리입니다. 이와 같이 고체와 액체가 섞인 혼합물을 끓여서 분리하는 방법을 증류라고 합니다.

누룩

술을 빚을 때 넣는 발효제입니다. 곡식을 굵게 갈아 반죽하여 만든 덩이에 효소를 지니고 있는 곰팡이를 번식시켜 만듭니다. 우리나라에서는 삼국 시대 이전부터 쓰였습니다.

우리 조상들은 소줏고리라는 증류 장치를 만들어 청주를 만드는 데 사용했습니다. 소줏고리의 아래쪽에 막걸리를 넣고 맨 위쪽에 찬물을 넣고 끓이면, 끓는점이 낮은 알코올이 먼저 기화되어 맨 위로 올라가 찬물과 만나 다시 액화됩니다. 먼저 액화되어 나온 알코올을 받아 내어 물과

누룩.

소줏고리. ⓒ 전주전통술박물관

섞으면 맑은 술 청주를 얻을 수 있지요. 혹시 집에서 어른들이 드시다 남은 술이 있다면 병에 붙어 있는 라벨을 유심히 살펴보세요. '증류식 소주'라든가 '증류주'라고 쓰여 있다면 이 방법으로 만든 술입니다.

액체 혼합물의 분리

물과 기름처럼 섞이지 않는 액체라면 스포이트 같은 도구를 이용하여 간단히 분리할 수 있습니다. 하지만 물과 아세톤, 물과 알코올처럼 서로 잘 섞이는 액체는 분리하기가 조금 까다롭습니다. 이럴 때는 끓는점의 차이를 이용하여 분리합니다.

먼저 물과 에탄올의 혼합물을 끓임쪽과 함께 둥근바닥 플라스크에 넣습니다. 그 위에 온도계를 설치하고 냉각기를 연결합

끓임쪽

액체를 끓일 때 액체가 끓는점 이상으로 가열되면 갑자기 끓어 넘치는 경우가 있습니다. 이런 현상을 막기 위해 작은 돌이나 유리 조각을 넣어 함께 끓이는데, 이를 끓임쪽이라고 합니다.

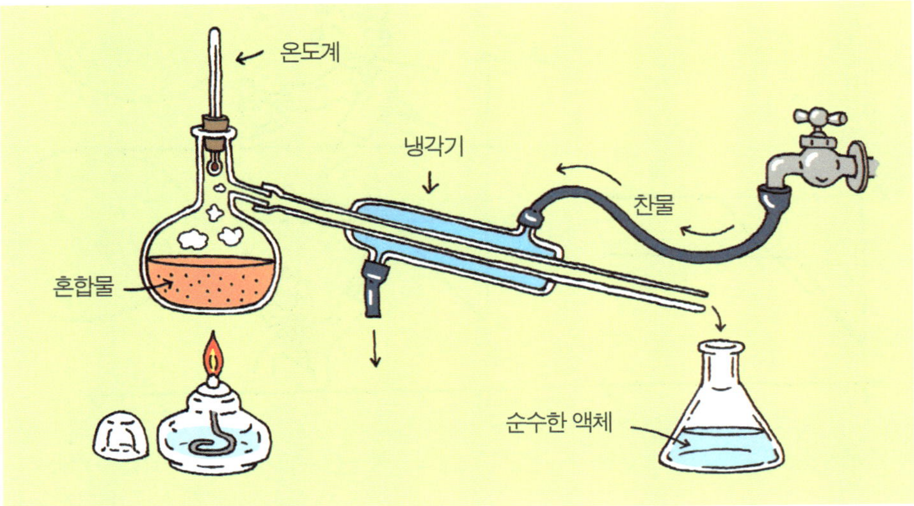

에탄올과 물의 혼합물을 분리하는 장치.

니다. 냉각기는 삼각 플라스크와 연결해 주세요. 혼합물을 가열하면 물보다 끓는점이 낮은 에탄올이 먼저 끓어 기체가 됩니다. 기체가 된 에탄올은 냉각기를 거치면서 다시 액체로 변해 삼각 플라스크로 떨어지지요.

온도 변화를 한번 살펴볼까요? 에탄올의 끓는점은 78℃이지만 혼합물은 약간 더 높은 온도에서 끓습니다. 에탄올이 끓기 시작하면 평평한 구간이 나오는데, 이 구간이 지나면 다시 온도가 올라가기 시작합니다. 이것은 혼합물 속의 에탄올이 다 증발했다는 뜻입니다. 하지만 다시 온도가 올라가기 시작하면 삼각플라스크를 다른 것으로 교체해 주세요. 이때는 약간의 불순물이 나올 수 있기 때문입니다. 온도가 서서히 올라가 100℃가 되면 다시 평평한 구간이 나오는데, 이것은 물의 끓는점에 도달했다는 뜻입니다. 이때부터 삼각플라스크에 모이는 액체는 물이겠지요? 이처럼 끓는점의 차이를 이용한 혼합물의 분리 방법을 분별증류라고 합니다.

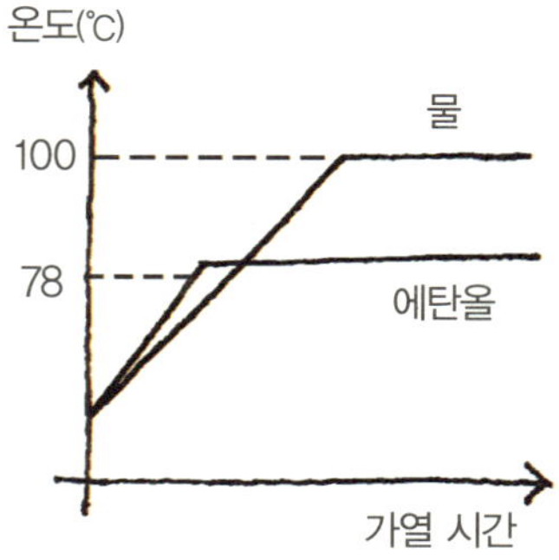

◀ 물과 에탄올의 혼합물을 가열하면 에탄올은 78℃보다 조금 높은 온도에서, 물은 100℃에서 끓는다.
▶ 물과 에탄올의 혼합물이 끓으면서 일정 온도를 유지하다가 다시 온도가 올라가면 에탄올이 모두 증발했다는 뜻이다.

원유도 분리해요

원유의 정유 방법

물과 혼합된 혼합물만을 증류 방식으로 분리할 수 있는 것은 아닙니다. 원유도 끓는점 차이를 이용한 증류 방식으로 분리할 수 있습니다.

원유를 분리한다는 말이 조금 어렵지요? 가끔 텔레비전 광고에 우리나라가 에너지 수출국이라는 말이 나옵니다. 에너지를 석유나 석탄으로 한정한다면 우리나라는 에너지 수입국인데 수출국이라니 고개를 갸우뚱하게 됩니다. 하지만 좀 더 살펴보면 그 이유를 알 수 있습니다. 원유를 우리 생활에 이용하기 위해서는 휘발유, 등유, 경유 등으로 분리하는 과정을 거쳐야 합니다. 이를 '정유'라고 하고 우리나라의 정유 기술은 세계적인 수준입니다. 우리나라는 원유를 수입하고 이를 다시 정유하여 수출한답니다. 기름 한 방울 안 나는 나라에서 기름을 수출한다니 참 대단한 일이지요. 이 정유 기술은 바로 혼합물을 분리하는 것에 뿌리를 둡니다.

정유 공장에 가면 증류탑이 있습니다. 증류탑에서 여러 성분이 섞여 있는 액체 혼합물인 원유를 끓는점 차이에 의해 분리합니다. 이 방법을 분별 증류라고 합니다. 원유에는 석유가스(25℃ 이하), 휘발유(40~75℃), 나프타(75~100℃), 등유(150~240℃), 경유(220~250℃), 중유(250℃ 이상), 윤활유(380~600℃) 등 끓는점의 범위가 다른 액체들이 섞여 있습니다. 이런 원유를 증류탑 아래에 넣고 가열하면 원유가 끓고, 그 결과 기체가 되어 각 층에서 위로 올라갑니다. 이때 혼합물의 성분 중에서 끓는점이 높은 물질은 쉽게 액체로 변하며, 끓는점이 낮은 물질은 액체로 변하지 못하고 계속 위로 올라갑니다. 그래서 끓는점이 높은 물질일수록 액화되어 아래쪽에 모이고, 끓는점이 낮은 물질일수록 위쪽에 모입니다.

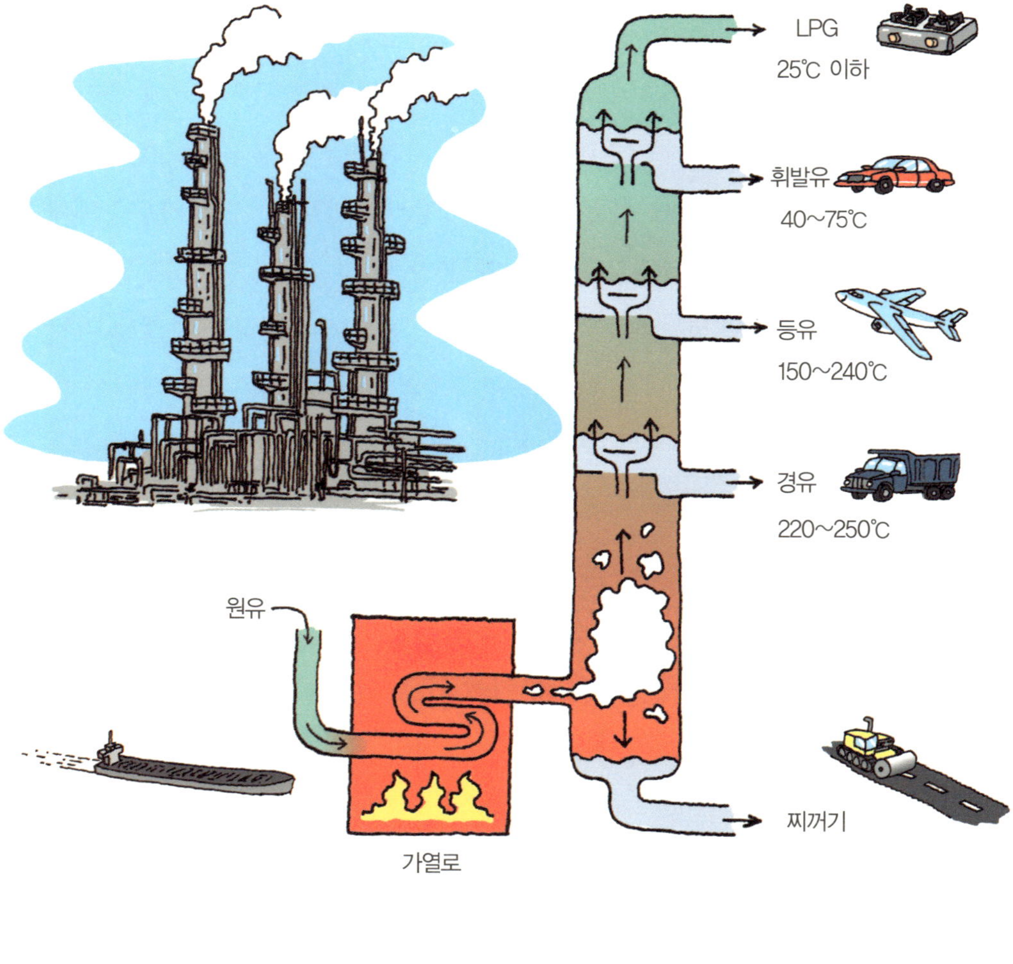

정유한 원유의 쓰임새

분리해 낸 제품들은 여러 가지 용도로 쓰입니다. 먼저 석유가스는 도시가스로 공급되거나, 식당이나 가정집의 부엌에서 가스레인지의 연료로 쓰입니다. 다른 석유 제품에 비해 운반이 쉽고, 취급이 간편하기 때문이지요. 이 석유가스는 LPG라는 이름으로 우리에게 더 익숙합니다.

자동차의 연료로 쓰이는 것이 휘발유(가솔린)입니다. 분별증류로 얻은 가솔린의 양은 많지 않지만 우리 생활에 유용하게 쓰이지요. 등유도 실생활에서 많이 사용되는 연료입니다. 석유가 바로 등유입니다. 등유는 항공기의 연료로 쓰이고, 난로나 가정용 난방 기구의 연료로도 많이 사용됩니다.

경유는 디젤 자동차의 연료로, 중유는 선박·보일러 등의 연료로 사용됩니다. 이렇게 다 증류되고 맨 아래 남은 찌꺼기도 쓰임새가 있습니다. 끈적거리고 열을 가하면 흐르는 성질을 가지고 있는 이 찌꺼기는 도로 포장용 재료나 건축 재료로 사용됩니다. 우리가 흔히 아스팔트라고 부르는 것이 바로 이 찌꺼기입니다. 포장한 지 오래되지 않은 아스팔트 위를 걷다 보면 신발이 끈적끈적 달라붙을 때가 있을 거예요. 바로 아스팔트가 가진 성질 때문입니다.

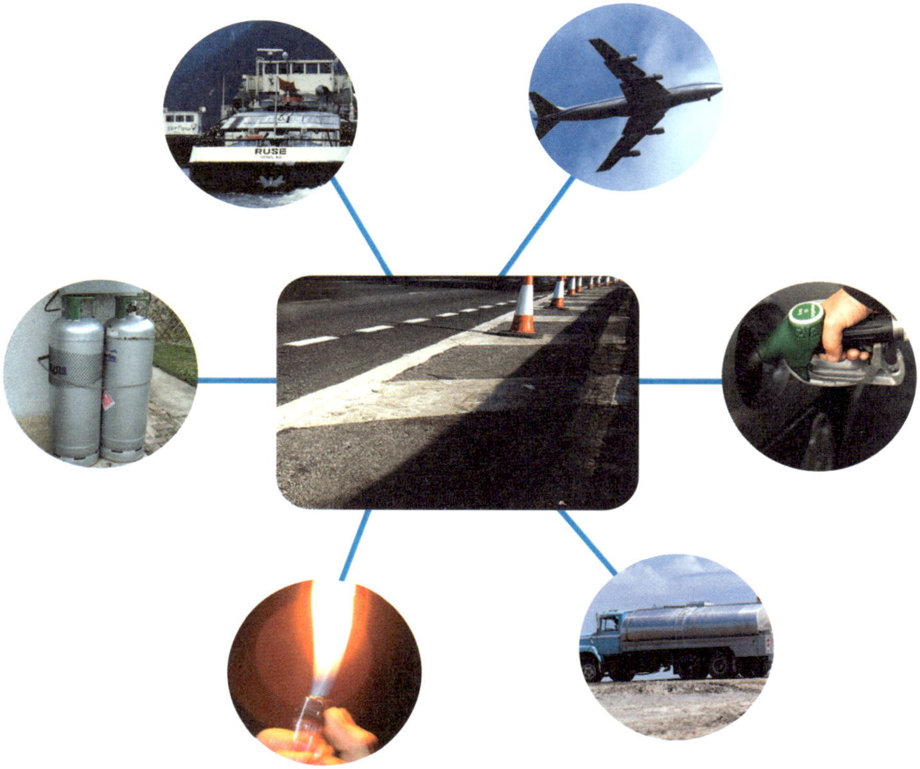

끓는점으로 분리한 원유는 가스레인지, 비행기, 자동차, 선박 등의 연료로 사용된다.

그런데 이 원유의 분리에서 오해하기 쉬운 점이 하나 있습니다. 대부분 혼합물을 분리하면 순물질이 되는데, 원유는 그렇지 않습니다. 각 끓는점 차이에 의해 분리했지만 분리된 물질도 순물질은 아닙니다. 이런 이유로 분리되는 온도를 딱 정할 수 없고 150~240℃처럼 특정 범위로 나타냅니다. 가장 대표적인 예로 LPG는 부탄과 프로판 기체가 섞여 있는 혼합물입니다.

기체도 분리해요

공기의 대부분은 질소와 산소로 이루어져 있습니다. 질소는 78%, 산소는 21%를 차지하지요. 두 기체를 합하면 공기의 99%가 됩니다. 1%의 기체를 무시한다고 가정했을 때, 공기를 질소와 산소로 분리하려면 어떤 방법이 좋을까요? 둘 다 기체이기 때문에 끓는점을 이용하는 것이 가장 적당합니다. 앞에서 두 액체를 분리했던 것처럼 말이지요. 액체가 아닌데 어떻게 분별증류를 할 수 있을까요? 방법은 간단합니다. 온도를 아주 많이 낮추면 두 기체를 모두 액체로 바꿀 수 있습니다.

산소의 끓는점은 약 영하 183℃이고, 질소의 끓는점은 약 영하 196℃입니다. 계속해서 온도를 낮춘다면 산소가 먼저 액체가 되고, 질소가 뒤이어 액체가 됩니다. 둘 다 액체가 되었을 때 다시 온도를 서서히 올리면 영하 196℃에서 질소가 먼저 끓어 서서히 기체가 되고, 산소는 아직 끓는점에 도달하지 못했기 때문에 액체로 있게 됩니다. 이 끓는점의 차이로 두 기체를 분리할 수 있습니다.

다만, 이 실험을 하기 전에 공기 중에 있는 먼지나 다른 불순물은 걸러 내야 합니다. 그리고 온도를 영하 196℃까지 낮추기 위해서는 특별한 장치가 필요하므로 일상생활에서는 하기 힘든 실험입니다. 이러한 원리로 공기도 분리할 수 있다는 사실을 알아 두는 것에 의미가 있겠지요.

가정에서 사용하는 LPG도 부탄과 프로판이 섞여 있습니다. 이 혼합물도 분별증류로 분리할 수 있습니다. 부탄의 끓는점은 영하 0.5℃이고, 프로판의 끓는점은 영하 42℃입니다. 따라서 LPG를 서서히 냉각해 온도를 영하 0.5℃와 영하 42℃ 사이로 맞추어 주면, 끓는점이 높은 부탄이 먼저 액체가 되고 끓는점이 낮은 프로판은 기체 상태에 있으므로 분리할 수 있겠지요.

TIP 요건 몰랐지?

맛있는 라면 먹기

라면 포장지에 적혀 있는 조리 방법에는 먼저 물을 끓인 다음 면을 넣고 스프를 넣으라고 합니다. 그런데 조리 방법에 나와 있는 대로 라면을 끓여도 이상하게 집에서 먹는 라면보다 분식집에서 사 먹는 라면이 더 맛있게 느껴집니다. 그 이유가 몹시 궁금해서 분식집 아주머니에게 여쭈어 봤더니 비결은 스프를 먼저 넣고 끓이다가 나중에 면을 넣는 것이라고 하십니다.

스프를 먼저 넣고 물을 끓이면 끓는점이 높아져 라면이 더 맛있게 끓여진다.

왜 스프를 먼저 끓이면 라면이 더 맛있을까요? 이유는 끓는점 때문입니다. 라면을 끓일 때 스프를 먼저 넣으면 물이 혼합물이 되어 끓는점이 높아집니다. 액체끼리 섞여 있을 때는 각기 다른 온도에서 액체가 끓어 기체가 되지만, 고체와 액체가 섞일 때에는 액체의 끓는점보다 더 높은 온도에서 끓게 되지요. 더 높은 온도에서 물이 끓으니 면이 짧은 시간에 빨리 익어 잘 불지 않습니다. 물에 고체가 섞여 끓는점이 높아지는 것은 라면뿐 아니라 찌개와 국도 마찬가지입니다. 찌개와 국의 온도를 측정해 보아도 물의 끓는점인 100℃보다 높은 온도에서 끓습니다.

액체와 고체가 섞이면 끓는점은 높아지지만 어는점은 낮아집니다. 시골에 가면 볼 수 있는 장독을 관찰하면 알 수 있습니다. 장독이란 간장, 고추장, 된장 같은 장을 보관하는 용기이지요. 그런데 장독에 물을 담아 추운 겨울에 밖에 내놓으면 물이 얼어 부피가 커지면서 장독이 깨져 버립니다. 하지만 간장을 넣어 내놓으면 깨지지 않습니다. 간장에는 많은 양의 소금이 녹아 있기 때문에 추운 날씨에도 얼지 않기 때문입니다.

Q&A 꼭 알고 넘어가자!

문제 1 바닷물은 그냥 마시면 안 됩니다. 그 이유는 무엇인가요?

문제 2 물과 에탄올의 혼합물을 가열하면 78℃ 부근에서 온도가 멈추다가 얼마 후 다시 올라갑니다. 그러다가 100℃ 부근에서 또 멈추어요. 왜 이런 온도 변화가 생길까요?

서 멈춥니다. 이 상태에서 계속 가열하면 물이 기체로 변합니다.

3. 우리가 수입하는 원유는 여러 가지 성분이 섞여 있는 혼합물입니다. 이 원유를 끓는점의 차이에 따라 여러 성분으로 분류하는 것을 정유라고 합니다. 석유 제품은 그런 정유 과정을 통해 만들어집니다. 정유를 통해 만들어진 석유 제품에는 석유가스, 휘발유, 등유, 경유, 중유, 윤활유, 아스팔트 등이 있습니다. 석유가스는 우리가 잘 아는 LPG이고, 휘발유는 자동차의 연료로 많이 쓰이는 가솔린을 말합니다. 등유는 항공기의 연료로, 경유는 경유 자동차의 연료로, 중유는 선박의 연료로 많이 쓰이지요. 그리고 도로를 포장할 때 쓰는 아스팔트의 주요 성분이 바로 정유 과정에서 나온 찌꺼기입니다.

문제 3 우리가 흔히 석유라고 부르는 연료는 원유를 수입하여 정유한 석유 제품들입니다. 이런 석유 제품은 어떻게 만들어지나요? 그리고 어떤 종류가 있나요?

정답

1. 언뜻 보기에 바닷물은 맑은 물처럼 보이지만 그대로 마실 수는 없습니다. 왜냐하면 바닷물에는 염류가 섞여 있어 민물보다 농도가 높기 때문입니다. 바닷물을 그대로 마시면 우리 몸은 더 갈증을 느끼게 됩니다. 바닷물을 식수로 이용하려면 물을 끓여 수증기에서 순수한 물을 얻는 증류 방법을 이용하면 됩니다.

2. 물과 에탄올의 혼합물을 가열하면 온도가 올라가다 78℃보다 조금 높은 온도에서 온도 변화가 일단 멈추게 됩니다. 에탄올의 끓는점이 78℃인데, 에탄올과 물의 혼합물은 78℃보다 조금 높은 온도에서 에탄올이 끓어 기체로 변하기 때문입니다. 그리고 에탄올이 모두 끓어 기체로 변할 때까지 혼합물을 더 가열해도 온도는 그 이상 올라가지 않지요. 에탄올이 모두 기체로 변하면 다시 온도가 올라가다 물의 끓는점인 100℃에

관련 교과

초등 3학년 2학기 3. 혼합물의 분리

초등 5학년 2학기 2. 용액의 성질

4. 용해도 차이를 이용한 분리

한 물질이 다른 어떤 물질에 녹을 수 있는 최대의 양을 용해도라고 합니다. 그리고 이 용해도는 물질의 고유한 특성이어서 물질마다 다릅니다. 물질마다 다른 용해도의 차이를 이용하면 혼합물을 분리할 수 있습니다. 이 장에서는 용해도 차이를 이용한 혼합물의 분리 방법을 알아보겠습니다.

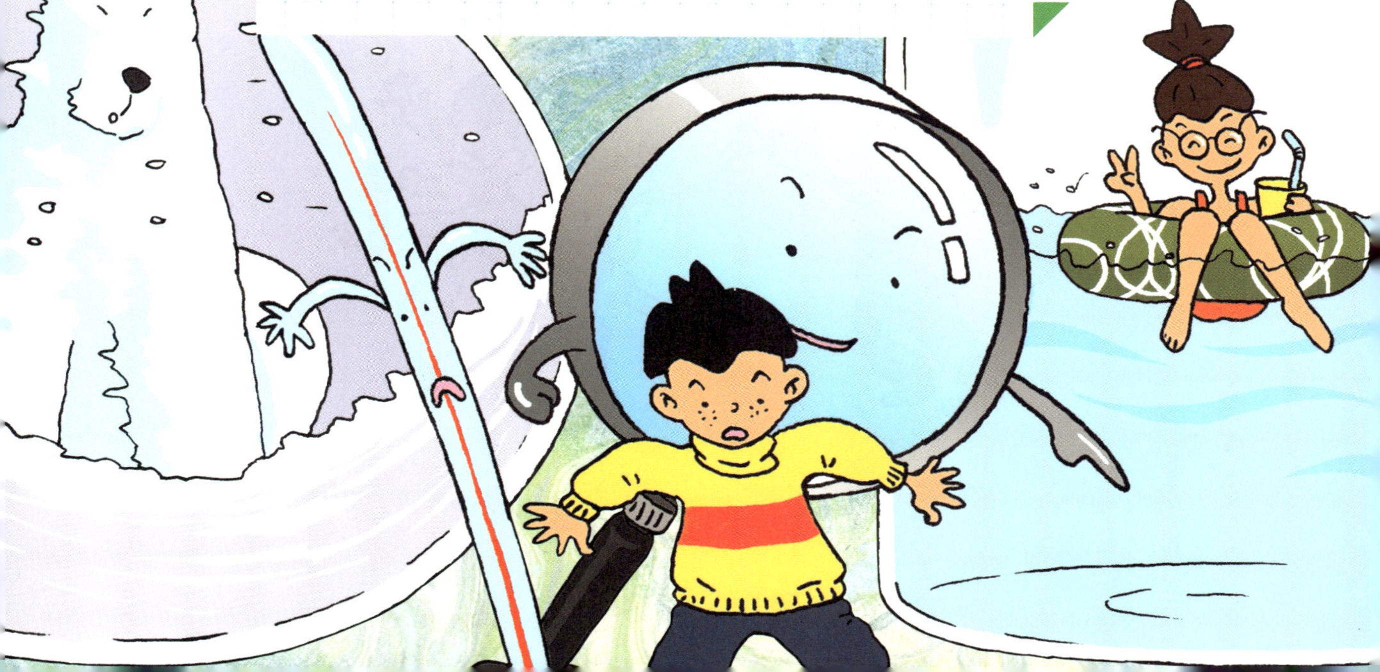

용액 만들기

유성 펜과 수성 펜

미술 시간에 옆 친구와 장난을 하다가 유성 펜의 잉크가 옷에 묻었습니다. 친구가 물로 닦아 주기는 했는데, 지워지지가 않습니다. 이대로 집에 가면 엄마에게 꾸중을 들을 텐데 유성 잉크를 깨끗하게 지우는 방법이 없을까요?

생각보다 방법은 간단합니다. 옷에 묻은 유성 잉크 위에 수성 잉크를 묻

수성 펜과 유성 펜의 잉크에 든 글리세롤은 수성과 유성 잉크를 모두 녹이는 용매이다.

혀 문지르면 유성 잉크를 지울 수 있습니다. 유성 펜의 잉크 속에는 잉크가 종이에 잘 묻도록 하기 위해 글리세롤을 넣는데, 수성 펜의 잉크 속에도 글리세롤을 넣기 때문입니다. 수성 잉크의 글리세롤이 유성 잉크의 글리세롤과 섞여 유성 잉크를 지울 수 있게 해 줍니다. 글리세롤은 수성과 유성을 모두 녹이는 용매이기 때문입니다.

유성

기름에 녹는 성질을 말합니다. 물에는 녹지 않기 때문에 유성 잉크가 묻으면 물로 빨아도 잘 지워지지 않습니다.

수성

기름에는 잘 녹지 않고, 물에 잘 녹는 성질을 말합니다.

용매, 용질, 용액

같은 원리로 소금을 물에 녹여 볼까요. 소금은 물에 들어가는 즉시 알갱이가 없어집니다. 마치 소금이 처음부터 없었던 것처럼 말이지요. 하지만 소금이 녹은 물이 짠맛인 것으로 보아 확실히 물속에 소금이 녹아 있습니다. 물처럼 무엇인가를 녹이는 물질을 용매, 소금처럼 용매에 녹는 물질을 용질, 용질과 용매가 섞여 있는 상태를 용액이라고 부릅니다. 또 용질이 용매에 녹는 현상을 용해라고 부르지요. 흔히 용매로는 물을 많이 사용하고,

물에 용질을 녹인 용액을 수용액이라고 부릅니다.

용액의 성질은 일단 투명해야 합니다. 소금물, 설탕물, 식초 모두 투명하지요. 또 가라앉는 물질이 없어야 합니다. 용질의 입자가 눈에 보이지 않아야 한다는 뜻입니다. 그뿐 아니라 거름종이로 걸러지지도 않아야 합니다. 따라서 흙탕물은 용액이 될 수 없습니다. 흙은 물과 섞여 있을 뿐이지 녹지 않기 때문입니다. 주변에서 볼 수 있는 불균일혼합물은 대부분 용액이 아닙니다. 단순히 섞여 있을 뿐이지요.

혼합물의 질량과 부피

소금 100g과 물 100g을 섞으면 소금물 200g을 만들 수 있습니다. 그렇다면 소금 100*ml*와 물 100*ml*를 섞으면 200*ml*의 소금물을 만들 수 있을까요? 모든 물질은 분자로 이루어져 있습니다. 분자란 물질의 성질을 가지는 가장 작은 알갱이를 말하는데, 물도 소금도 모두 입자로 이루어져 있기 때문에 200*ml*를 만들 수 없습니다. 콩과 좁쌀을 생각해 보면 쉽게 이해할 수 있습니다. 좁쌀은 입자의 크기가 매우 작아 콩과 콩 사이로 끼어들지요. 물과 소금의 경우도 마찬가지입니다. 물과 소금의 입자 크기는 달라서 큰 분자 사이로 작은 분자가 끼어들어 둘은 합쳐도 200*ml*를 만들 수 없습니다. 그래서 물질을 섞어 혼합물을 만들 때 질량은 변함이 없지만 부피는 조금 작아집니다.

포화용액과 용해도

부모님과 결혼식장에 가 본 적이 있지요? 신랑, 신부가 누구인지는 별로 관심이 없고 맛있는 뷔페 음식을 먹을 생각에 신바람이 납니다. 식당에 들

소금 100ml와 물 100ml를 섞어도 부피는 200ml가 되지 않는다. 물과 소금의 입자 크기가 다르기 때문이다.

어서는 순간 좋아하는 음식이 너무 많아 무엇을 먼저 먹을지 설레기까지 하잖아요. 그렇지만 생각과는 다르게 두어 그릇 먹고 나면 도저히 배가 불러서 더 이상 먹지 못하지요. 좀 쉬었다 먹으면 되겠거니 생각해도 이미 부른 배는 쉽게 꺼지지 않습니다.

용액도 마찬가지입니다. 맛있는 음식도 계속 먹기는 어려운 것처럼 용매의 양이 일정하면, 녹일 수 있는 용질의 양도 일정합니다. 아무리 더 녹이려 해도 녹이기 힘듭니다. 이렇게 용질이 용매에 더 이상 녹지 못하는 상태를 포화상태라고 합니다. 이 포화상태의 용액을 포화용액이라고 하지요. 포화용액에 용질을 더 넣으면 더 이상 녹지 못하고 가라앉고 맙니다. 이때

물질이 가라앉아 있는 용액을 거름종이에 걸러 주면 다시 포화용액을 얻을 수 있습니다.

그런데 일정한 양의 용매에 녹을 수 있는 용질의 양이 일정하다는 것은 온도가 일정할 때에 한해서입니다. 온도가 바뀌면 녹일 수 있는 용질의 양도 바뀝니다. 그리고 간혹 일정한 양의 용매가 녹일 수 있는 용질의 양을 약간 초과해서 조금 더 녹는 경우도 있습니다. 이런 상태의 용액을 과포화용액이라 부릅니다. 이 용액은 불안정하기 때문에 비커의 벽을 긁어 주거나 살짝만 쳐 주는 정도의 작은 충격에도 녹아 있는 용질이 다시 결정 상태로 돌아오기도 합니다. 이와 반대로 용질을 더 녹일 수 있는 양을 채우지 못한 용액을 불포화용액이라고 부릅니다.

보통 온도가 올라가면 녹일 수 있는 양도 많아집니다. 이처럼 어떤 온도에서 용매 100g에 최대한 녹을 수 있는 용질의 양을 그 온도에서의 용해도라 합니다. 용해도는 온도, 용매·용질의 종류에 따라 값이 달라지기 때문에 물질의 특성이 될 수 있습니다.

재결정과 분별결정

바닷물에는 소금 외의 다른 성분도 섞여 있다는 사실을 알고 있나요? 그래서 바닷물을 이용하여 만든 소금도 순수한 소금 성분만으로 이루어져 있지는 않습니다. 그런데 용해도를 이용하면 바닷물에서 얻은 소금의 불순물을 없앨 수 있습니다. 어떻게 하면 될까요?

소금에서 불순물을 분리하려면 일단 아주 뜨거운 물에 소금을 녹입니다. 단, 물의 양을 매우 조금만 넣어 주어야 합니다. 양이 적은 불순물은 대부분 뜨거운 물에 녹지만 소금은 양이 많기 때문에 한꺼번에 녹을 수가 없답니다. 그러면 불순물과 일정한 양의 소금만 물에 녹고 순수한 소금만 남게 되지요. 이렇게 적은 양의 불순물이 섞여 있을 때 그 성분만을 녹여 제거하는 방법을 재결정이라고 합니다.

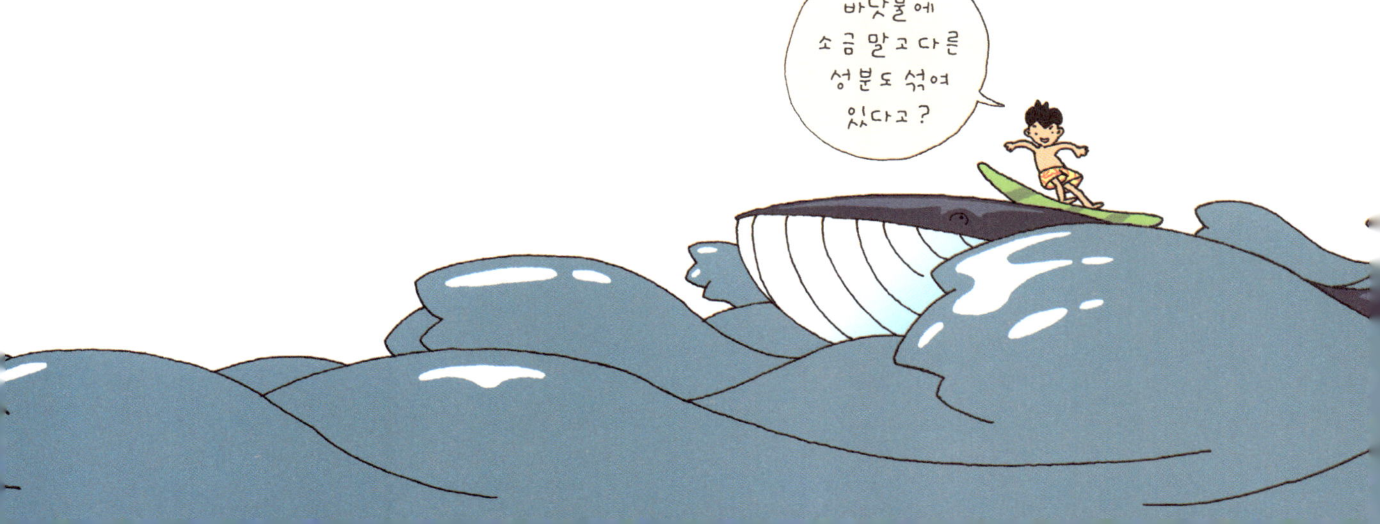

붕산

냄새가 나지 않고 광택이 나는 결정입니다. 산성을 띠며 물에 잘 녹고, 살균 작용을 하기 때문에, 소독약·방부제 등으로 많이 쓰입니다.

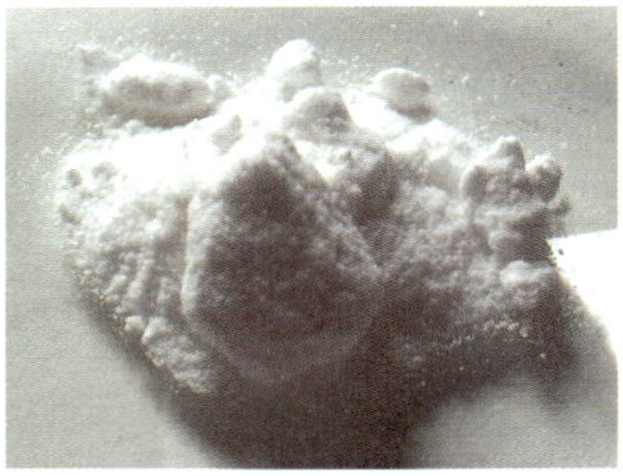

붕산. 언뜻 소금이나 설탕과 비슷해 보인다.

앞에서 액체끼리 섞인 경우와 기체끼리 섞인 경우에 대해서는 얘기했었지요. 고체끼리 섞인 경우는 어떻게 분리할까요?

물론 콩과 좁쌀의 혼합물도 고체끼리 섞인 것이지만, 그것은 알갱이 크기 차이로 쉽게 분리할 수 있습니다. 철가루와 모래가 섞여 있다면 자석에 철가루가 붙는 성질을 이용하면 금세 분리할 수 있지요.

그렇다면 소금과 붕산이 섞여 있으면 어떻게 분리할까요? 이 경우에는 아주 뜨거운 물에 소금과 붕산의 혼합물을 녹입니다. 그리고 서서히 온도를 낮추는 거예요. 소금은 온도 차이가 커도 녹을 수 있는 양이 그다지 많이 차이 나지 않습니다. 하지만

■ 온도에 따른 소금·붕산 혼합물의 용해도

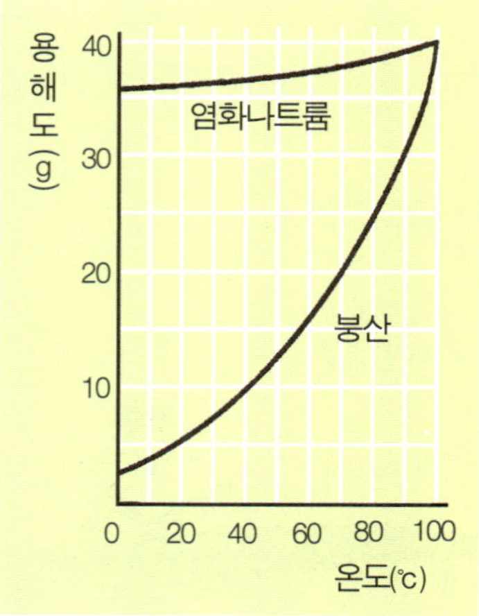

■ 분별결정을 할 때의 냉각 속도

	서서히 냉각	빨리 냉각
결정 모양	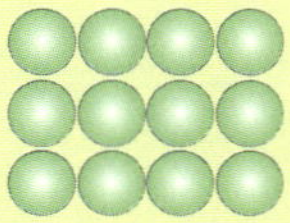	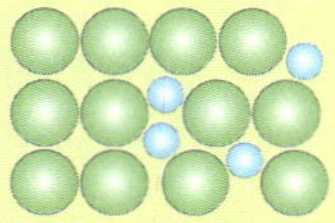
입자 배열	규칙적	다소 불규칙
불순물	없음	섞일 수 있음

붕산은 온도에 따라 녹을 수 있는 양이 많이 달라집니다. 따라서 이 혼합물을 더운물에 녹이고 온도를 서서히 낮추면 소금은 그대로 녹아 있고 용해도 차이가 큰 붕산만 고체가 되어 석출됩니다. 이때, 용매의 온도를 천천히 냉각하는 데에는 이유가 있습니다. 빨리 냉각하면 결정물 사이에 불순물이 섞일 수 있기 때문입니다.

석출

용액 속에 녹아 있던 용질이 다시 고체로 되돌아 나오는 현상을 말합니다.

이렇게 온도에 따라 용해도 차이가 큰 두 고체 혼합물을 높은 온도에서 녹였다가 다시 냉각할 때 생기는 결정을 걸러 내는 방법을 분별결정이라고 합니다. 용해도 차이가 큰 고체 혼합물이면 이 방법을 이용하여 쉽게 분리할 수 있습니다.

추출을 이용한 혼합물의 분리

에테르

유기 물질을 녹이는 용매로 많이 이용되는 화합물입니다. 마취제로 이용되기도 합니다.

냉면을 먹을 때 꼭 넣게 되는 식초의 맛이 어떤지 알고 있나요? 네, 새콤합니다. 식초는 새콤한 맛을 내야 하는 여러 가지 음식에 사용되는 재료로서 아세트산을 물에 섞어 만듭니다. 그렇다면 식초에서 아세트산을 분리할 수는 없을까요?

앞에서 본 분별깔때기를 이용하면 식초에서 아세트산을 쉽게 분리할 수 있습니다. 분별깔때기에 식초를 넣고 에테르를 넣어 줍니다. 그리고 서로 잘 섞어 주세요. 분별깔때기 안에서는 어떤 일이 벌어질까요? 에테르가 신기하게도 식초 속에 물과 섞여 있던 아세트산만 녹여 버립니다. 그런 다음 세움대에 가만히 올려놓고 층이 분리될 때까지 기다리면 에테르·아세트산의 혼합층과 물층이 분리됩니다.

그러면 아래에 있는 물층을 빼내고 위층을 받아 낸 뒤 증발시키면 에테르는 금방 증발되고 아세트산만 남습니다. 이러한 방법을 추출이라고 합니다.

같은 원리로 콩에서 기

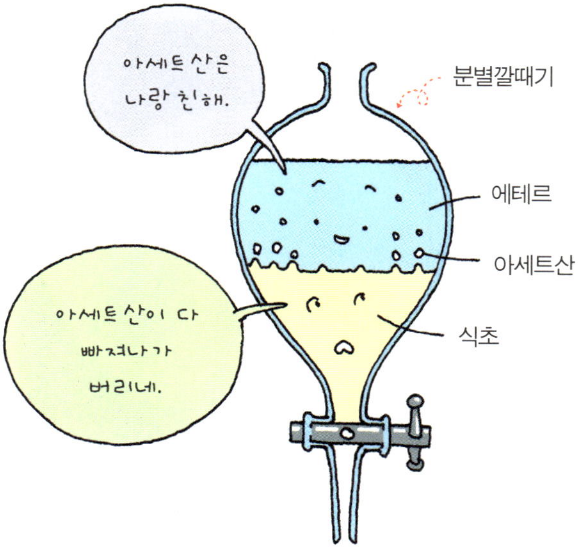

추출의 원리를 이용하면 식초에서 아세트산만 분리할 수 있다.

름도 뽑아냅니다. 우리가 보통 먹는 콩은 전혀 느끼하지 않은데 이상하게도 식용유에는 '콩기름'이라고 쓰여 있습니다. 그 이유는 에테르라는 용매로 콩에서 지방 성분만을 녹여 냈기 때문입니다.

향료 역시 같은 원리로 만듭니다. 상쾌한 냄새를 나게 하는 물질을 향료라 부르지요. 향료는 꽃·식물·나무 등에서 얻는 자연 향료와 화학적으로 합성해서 만든 향료가 있습니다. 자연 향료를 얻어 내는 방법은 꽃잎을 물에 넣고 삶는 것입니다. 그러면 증발하기 쉬운 향이 수증기에 섞여 증발하는데, 이 수증기와 함께 나온 향유를 식히면 수증기는 다시 물이 되고 향유는 물에 녹지 않고 물 위로 떠오르게 됩니다. 이것을 떠내면 자연 향료가 완성됩니다. 이렇게 혼합물 중에서 특정 성분만 용매에 녹여 분리하는 방법도 추출이라고 부릅니다.

안 익은 감을 너무 일찍 따 버리면 그 맛이 약간 떫습니다. 그렇다고 버리

커피를 내리거나 차를 우리는 것도 추출의 원리를 이용한다.

기에는 아깝지요. 이럴 때에는 방법이 있습니다. 소금물에 담가 두는 것입니다. 소금물에는 감의 떫은맛 성분인 탄닌을 녹이는 성질이 있습니다. 이것도 추출의 한 형태입니다.

이 밖에도 우리 주위에서 추출의 원리를 활용한 예를 많이 볼 수 있습니다. 우리가 흔히 마시는 녹차도 추출을 이용한 경우입니다. 여러 가지 잎의 성분 중에서 물에 녹는 성분만을 먹게 되기 때문입니다.

기체 혼합물의 분리

아침에 뉴스를 보니 위와 같은 일기 예보가 나왔습니다. 비가 온 후에는 왜 쾌청한 날씨가 계속될까요? 도시의 공기 속에는 많은 먼지와 매연이 있습니다. 이런 기체들 중에는 물에 녹는 것들이 있습니다. 비가 오면 공기 중의 그런 기체들이 비에 녹아 쓸려 내려가기 때문에 공기가 맑아집니다. 서울의 남산에서 인천 앞바다가 보일 정도로 말이에요.

이런 원리를 이용하면 기체끼리 섞여 있는 혼합물도 분리할 수 있습니

비 내린 후와 스모그가 자욱하게 꼈을 때의 모스크바 시내 모습.
ⓒ Акутагава@the Wikimedia Commons

다. 여름이 되면 화장실 냄새가 우리를 괴롭히지요 화장실 냄새도 이 원리를 이용해 줄일 수 있습니다. 화장실 냄새의 주범은 암모니아 기체인데, 암모니아 기체는 물에 매우 잘 녹습니다. 따라서 화장실에 물을 뿌리면 암모니아가 물에 녹아 냄새가 사라지지요.

화장실에 물을 뿌리면 암모니아 기체가 물에 녹아 냄새가 사라진다.

TIP 요건 몰랐지?

산성비는 왜 내릴까요?

산성비가 내리는 이유는 바로 산성을 가진 기체가 물에 잘 녹기 때문입니다. 대표적인 예가 이산화질소와 이산화황입니다.

먼저 이산화질소는 자동차 때문에 생깁니다. 자동차의 엔진은 높은 열과 압력을 가지고 있기 때문에 공기가 들어가게 되면 공기 속의 질소와 산소가 반응해 이산화질소를 만듭니다. 이산화질소는 공기 중을 떠돌다가 비가 오면 물에 녹아 강이나 바다로 흘러들지요. 이산화질소가 물에 녹으면 질산이라는 아주 강한 산성 물질이 되거든요. 그것이 증발해 비와 만나면 산성비가 되어 내립니다.

이산화황도 마찬가지입니다. 산업화가 진행되면서 연료를 많이 사용하게 되는데, 이 연료가 연소되면서 이산화황이 나옵니다. 이 기체 역시 물에 잘 녹아 이산화질소와 같은 원리로 산성비를 만듭니다.

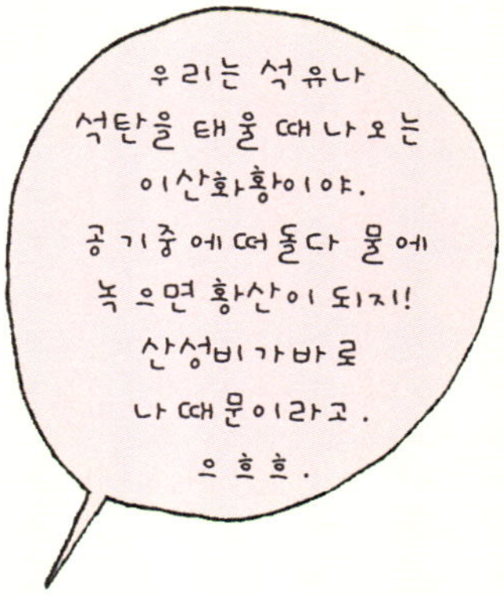

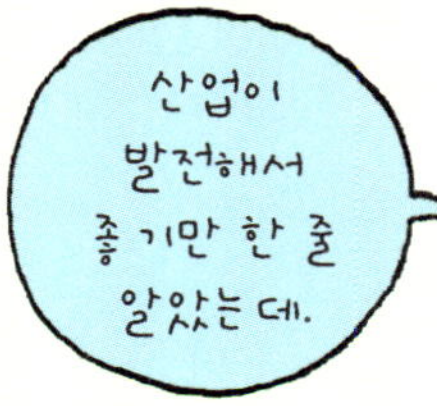

기체의 용해도

압력과 기체의 용해도

탄산음료의 뚜껑을 열면 과포화상태로 녹아 있던 기체가 용기 내부의 압력이 낮아져 다시 기체 상태로 바뀐다.

우리는 앞에서 기체도 녹을 수 있다는 사실을 배웠습니다. 그렇다면 어떻게 하면 많은 기체를 녹일 수 있을까요? 용해도는 고유한 물질의 특성이기 때문에 기체마다 다릅니다. 이산화황이나 암모니아 같은 기체는 물에 잘 녹는다고 했지요? 그러면 탄산음료 속에 들어 있는 이산화탄소 같은 기체는 어떨까요? 탄산음료 병을 가만히 들여다보세요. 음료 속에 기체가 보이나요? 아무것도 보이지 않습니다. 그런데 뚜껑을 여는 순간 많은 기포가 한꺼번에 올라옵니다. 특히 병을 흔든 다음에 열면 자칫 음료수가 죄다 흘러나와 바닥을 흥건히 적실 수도 있습니다.

왜 이런 현상이 생길까요? 그것은 바로 압력 때문입니다. 고체나 액체는 압력의 영향을 크게 받지 않는 데 비해, 기체는 압력의 영향을 많이 받습니다. 그래서 물에 잘 녹지 않는 기체에 강제로 강한 압력을 주면 본래 녹을 수 있는 양보다 더 많은 기체가 녹아 과포화상태가 됩니다. 그런데 갑자기 뚜껑을 열면 압력이 낮아져 기체가 더 이상 녹아 있기 힘든 상태가 됩니다. 이 때문에 한꺼번에 기포가 올라오는 것입니다.

온도와 기체의 용해도

기체의 용해도는 온도에 따라서도 변합니다. 대부분의 물질은 온도가 높아지면 더 많이 녹게 되는데, 기체는 오히려 반대입니다. 온도가 낮을수록 더 잘 녹는답니다. 세 개의 시험관에 같은 양의 탄산음료를 넣은 후 얼음물과 실온, 끓는 물에 각각 넣어 보세요. 끓는 물에 넣은 시험관에서 가장 많은 기포가 발생하는 것을 확인할 수 있습니다.

기포가 생긴다는 것은 기체가 녹지 못하고 밖으로 빠져나온다는 것입니다. 물이 뜨거울수록 기체의 용해도가 줄어들기 때문에 기포가 가장 많이 생깁니다. 톡 쏘는 맛있는 탄산음료를 마시기 위해서는 꼭 냉장고에 보관해야겠지요.

아주 더운 여름날 어항 속의 물고기가 자꾸 물 밖으로 나와 뻐끔거리는 것을 볼 수 있습니다. 이것도 온도가 높으면 기체의 용해도가 감소하기 때문입니다. 물의 온도가 높아져 물속에 녹아 있는 산소의 양이 줄어들기 때문에 산소가 부족한 물고기들이 물 밖으로 머리를 내밀고 뻐끔거리는 것입니다.

Q&A 꼭 알고 넘어가자!

문제 1 용액, 용매, 용질은 무엇인가요? 비슷해 보이는 이 단어들의 뜻을 설명해 보세요.

문제 2 혼합물을 분리하는 방법 가운데 추출이 있습니다. 추출은 우리 생활의 어디에 이용될까요?

3. 어떤 용질이 일정한 양의 용매에 녹을 수 있는 양은 정해져 있습니다. 보통 고체나 액체가 용질일 때에는 온도가 높을수록 더 잘 녹지만 기체는 온도가 낮아야 잘 녹는답니다. 그리고 기체는 압력의 영향을 많이 받기 때문에 압력이 높을수록 잘 녹습니다. 더운 날 가방 속에 들어 있던 탄산음료의 뚜껑을 열었을 때 기포가 한꺼번에 쏟아져 나오는 것은 온도가 높을 때에 기체가 액체 속에 잘 녹아 있지 못하기 때문입니다. 그리고 뚜껑을 열 때 병 안의 압력이 낮아지기 때문이기도 하지요.

문제 3 더운 날씨에 탄산음료의 뚜껑을 열었는데 기포가 한꺼번에 올라왔습니다. 왜 이런 현상이 생길까요?

정답

1. 소금물을 예로 들겠습니다. 소금물은 소금을 물에 녹인 것입니다. 소금처럼 무엇인가에 녹는 물질을 용질이라고 하고, 물처럼 용질을 녹이는 것을 용매라고 합니다. 그리고 소금물처럼 용질과 용매가 섞여 있는 것을 용액이라고 합니다. 특히 용매가 물일 때에는 그 용액을 수용액이라고 합니다.

2. 부엌에서 많이 쓰는 식용유에 콩기름 혹은 옥수수기름이라고 쓰인 것을 본 적이 있나요? 이런 기름들도 추출을 이용해 만듭니다. 콩이나 옥수수에서 기름 성분만을 추출해 낸 것이지요. 떫은 감을 소금물에 담가 놓으면 떫은맛을 없앨 수 있습니다. 소금물이 감의 떫은맛을 내는 성분인 탄닌을 녹여 주기 때문입니다. 우리가 많이 마시는 녹차도 뜨거운 물로 필요한 성분을 녹이는 추출 방법을 이용합니다.

관련 교과

초등 3학년 2학기 3. 혼합물의 분리

5. 거름과 크로마토그래피

지금까지 혼합물을 분리하는 여러 가지 방법에 대해 알아보았습니다. 그 밖의 방법에는 무엇이 있을까요? 거름과 크로마토그래피가 있습니다. 거름은 어쩌면 우리 생활에 가장 많이 쓰이는 방법일 거예요. 크로마토그래피는 이름은 어렵게 들리지만 생각보다 쉬운 방법입니다. 하나하나 천천히 살펴보겠습니다.

거름을 이용한 분리

나프탈렌과 소금

계절이 바뀔 때마다 집안의 어른들은 이불 빨래, 커튼 교체 등 많은 일을 합니다. 계절이 지난 옷을 안쪽으로, 새 계절에 입을 옷을 바깥쪽으로 꺼내는 옷장 정리도 그중 한 가지입니다. 이때 어른들이 옷장에 무엇을 넣는지 기억하고 있나요? 바로 나프탈렌입니다. 이 나프탈렌에는 "먹지 마시오!"라고 쓰여 있는데, 간혹 사탕인 줄 알고 먹으려는 친구들도 있지요.

장롱 속에 넣는 흰 고체인 나프탈렌은 좀약입니다. 이 고체는 녹지 않고 곧장 기체로 날아가면서 옷에 해를 끼치는 벌레를 죽입니다.

고체 나프탈렌은 곧장 기체로 날아가면서 옷에 해를 끼치는 벌레들을 죽인다.

이 나프탈렌을 가루로 만들면 그 생김새가 소금과 많이 닮아 있습니다. 하지만 겉보기와는 다르게 나프탈렌은 물에 잘 녹지 않습니다. 그래서 소금과 나프탈렌이 섞여 있을 때 두 고체를 분리하려면 물에 녹이면 됩니다. 소금은 물에 잘 녹는 성질이 있으니까요. 모두 녹은 다음에는 거름종이에 거르면 됩니다. 나프탈렌은 거름종이의 아주 작은 틈을 빠져나가지 못하지만 소금물은 통과할 수 있습니다.

레토르트

물질을 고압으로 가열할 수 있는 일종의 솥과 같은 기구입니다. 조리·가공한 식품을 주머니에 넣고 밀봉하여 레토르트 솥에 넣고 고온으로 가열·살균한 식품을 레토르트 식품이라고 합니다. 레토르트 식품은 살균·밀봉 되어 오래 보관할 수 있습니다.

약탕기와 추출

한약을 먹어 본 적이 있나요? 요즘에는 한의원에서 약재를 달여 레토르트 봉지에 담아 주지만, 예전에는 집에서 직접 달여 먹었습니다. 약탕기라는 전

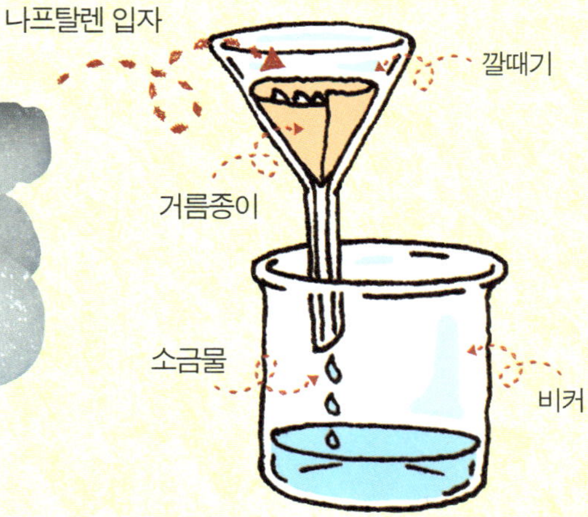

약탕기에 넣어 잘 달인 약재를 헝겁에 싸서 짜면 용액만 걸러진다.

용 그릇에 약재와 물을 넣고 연탄불에 부채질을 하며 정성을 다해 끓였지요. 약을 달인다는 것은 한약재에서 좋은 성분이 일부 물에 녹아 나와 분리되는 것입니다. 추출 현상이 일어나는 것이지요. 이렇게 한참을 달인 후 약탕기 속에 남아 있는 한약 재료를 헝겊에 싸서 짜면 용액만 빠져나오고, 한약 찌꺼기는 헝겊에 남게 됩니다. 이와 같은 분리 방법을 거름이라고 합니다. 헝겊이 바로 거름종이 역할을 합니다.

콩과 좁쌀의 분리

거름은 입자의 크기를 이용하여 분리하는 것이지요. 물에 녹은 용질은 입자가 작기 때문에 거름종이를 빠져나오고, 입자가 큰 물질은 거름종이 위에 남는 것처럼 콩과 좁쌀도 체의 눈의 크기만 잘 조절한다면 분리할 수 있습니다. 체는 모기장처럼 생긴 그물망이 중간에 끼어 있는 물건입니다. 이 체에 콩과 좁쌀을 넣고 탈탈 흔들어 주면 입자가 큰 콩은 체 위에 남고

입자가 큰 물질의 혼합물은 체의 눈의 크기만 조정하면 분리할 수 있다.
ⓒ User:BMK@the Wikimedia Commons

입자가 작은 좁쌀은 체 밑으로 떨어지겠지요.

이런 원리를 우리 주위에서도 많이 볼 수 있습니다. 물고기를 잡을 때 쓰는 뜰채도 물은 빠져나가게 하고 물고기만 잡을 수 있게 하는 도구이지요. 또 모래와 자갈을 분리할 때도 마찬가지입니다. 자갈을 하나하나 손으로 골라 낼 수도 있지만 그러면 너무 많은 시간이 걸립니다. 그럴 때는 큰 체에 혼합물을 붓고 흔들어 주면 됩니다. 입자가 작은 모래는 체 밑으로 떨어지고 자갈만 위에 남게 되어 분리할 수 있습니다.

두부 만들기

두부를 만들 때에도 거름의 원리가 활용됩니다. 두부 만드는 과정을 간단히 살펴봄으로써 거름의 원리가 어떻게 활용되는지 알아볼까요?

먼저 잘 불린 콩을 곱게 갈아 베주머니에 넣고 짭니다. 베주머니는 콩물이 잘 빠져나가야 하므로 성글수록 좋습니다. 바로 여기에 거름의 원리가

숨어 있습니다. 베주머니 위에 걸러진 찌꺼기는 비지이고, 빠져나간 콩물로 두부를 만듭니다.

콩물을 바닥에 달라붙지 않게 잘 저으면서 끓입니다. 콩물이 넘치면 찬물을 부어 내려앉히는 과정을 여러 차례 반복합니다. 거의 다 끓어서 국물이 진한 두유 맛이 나면 간수로 염화마그네슘을 넣습니다. 염화마그네슘은 두부를 단단하게 하고 쓴맛을 내므로 너무 많이 넣지 않습니다.

콩물이 조금씩 뭉치기 시작하면 두부 만들 판에 흰 천을 깔고 엉긴 덩어리와 물을 모두 붓습니다. 흰 천으로 내용물을 잘 싼 뒤, 그 위에 판을 놓고 무거운 물건을 올린 다음 기다리면 맛있는 두부가 완성됩니다.

TIP 요건 몰랐지?

거름 장치 만들기

혼합물을 거르기 위해 거름 장치를 만들어 보겠습니다. 일단 세움대에 깔때기를 끼워 놓습니다. 그리고 접어 놓은 거름종이를 두 번 접어 깔때기에 끼웁니다. 마치 컵라면 먹을 때 라면 뚜껑을 접듯이 말이지요. 거름종이가 잘 붙도록 깔때기에 약간의 물을 묻혀 두면 거름종이가 들뜨지 않습니다. 액체가 거름종이를 빠져나가려면 시간이 걸리므로 혼합물이 넘치지 않도록 천천히 부어 주세요.

■ **거름종이 접는 법**

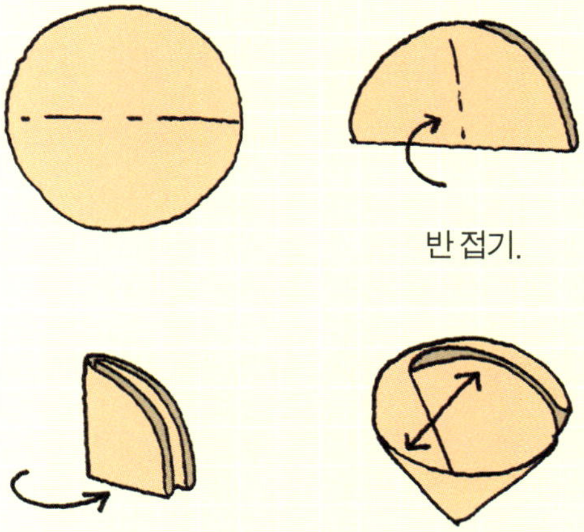

반 접기.

다시 반 접기.

깔때기 모양으로 펼치기.

크로마토그래피

크로마토그래피가 무엇인가요?

크로마토그래피는 러시아의 한 과학자가 발명했습니다. 당시만 해도 식물 색소는 하나의 물질이라고만 생각했지요. 하지만 크로마토그래피가 발명된 이후 식물 색소는 엽록소 외에 카로틴, 엽황소 같은 다른 색소도 있다는 사실을 알게 되었습니다.

우리도 간단한 실험을 통해 이 사실을 확인해 볼까요? 먼저 분필에 수성 펜으로 작고 진하게 점 하나를 찍으세요. 그런 다음 물이 담긴 접시에 세워 놓으세요. 그리고 점이 퍼져나가는 것을 관찰해 보세요. 이것이 실험 과정의 끝입니다. 여기에서 한 가지 주의할 점이 있습니다. 물이 점 위로 절대 올라가서는 안 됩니다. 만약 수성 펜으로 찍은 점이 물에 닿으면 물에 녹아 버리기 때문입니다.

그렇다면 이제 관찰해 볼까요? 분필을 보면 분필 위에 여러 가지 색이 나타난 것을 볼 수 있습니다. 수성 펜의 여러 가지 색이 혼합 되었기 때문입니다. 분필을 물에 넣어 두면 물을 흡수하겠지요. 이때 수성 펜의 잉크를 이루는 여러 가지 성분이 물 때문에 떠밀리게 됩니다. 각기 다른 성분들이 각자의 속력

크로마토그래피

각 성분의 이동 속도 차이를 이용하여 혼합 액체를 분리하는 방법을 말합니다. 예를 들어 수성 사인펜으로 쓴 글씨에 물이 묻으면 글씨가 번지는데, 한 색깔이 아닌 여러 색으로 분산되어 보입니다. 색소마다 이동 속도가 다르기 때문입니다.

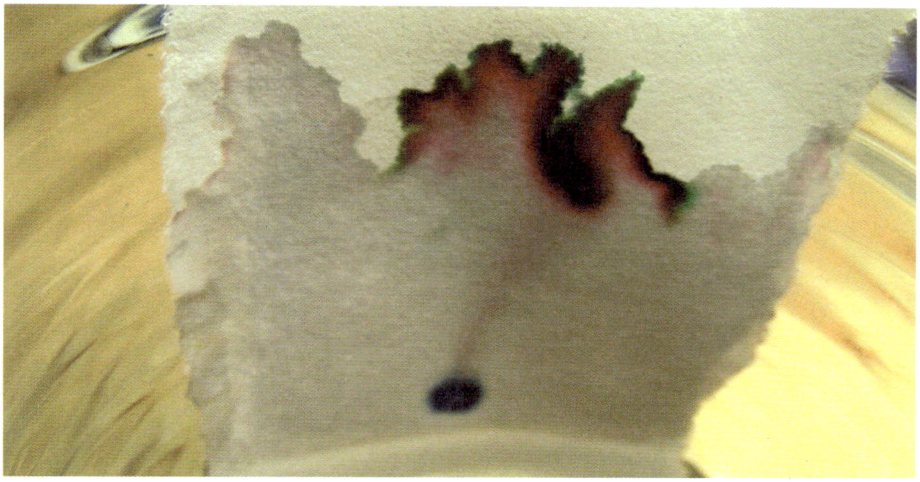

흰 종이에 수성 펜으로 점을 찍어 물에 담그면 수성 펜의 잉크가 몇 가지 색으로 혼합되었는지 알 수 있다. ⓒ Oscar@the Wikimedia Commons

으로 분필을 타고 올라가기 때문에 물이 더 이상 이동하지 않을 때 비교해 보면 몇 가지 성분으로 분리되었는지 알 수 있습니다. 만약 세 개의 띠가 생겼다면 그 펜의 잉크는 세 가지 색이 혼합된 상태입니다.

분필이 없다면 흰 종이로도 실험할 수 있습니다. 분필에 점을 찍은 것처럼 흰 종에도 점을 찍어 물에 담가 보면 그 펜의 잉크가 몇 가지 색이 혼합되었는지 알 수 있습니다.

크로마토그래피의 활용

크로마토그래피를 이용하면 엽록소처럼 비슷한 성질을 지닌 혼합물을 분리할 수 있습니다. 그보다 더 복잡한 혼합물도 한 번에 분리할 수 있을 뿐 아니라 아주 적은 양으로도 분리할 수 있습니다. 수성 펜의 점 하나로 잉크의 여러 가지 색깔을 분리했던 것처럼 말이에요.

크로마토그래피는 이런 장점이 있기에 우리 생활에서도 여러모로 활용

됩니다. 예를 들어, 혈액이나 소변의 적은 양으로 그 성분을 분석하여 당뇨병이나 신장병을 진단할 수 있습니다. 엄마가 임신했을 때, 임신 사실을 알려 주는 시약도 크로마토그래피를 활용한 예입니다. 엄마가 배 속에 아기를 가지면 제일 먼저 태반을 만들기 위해 태반 호르몬이 나옵니다. 그 호르몬은 소변을 통해 조금씩 배출되지요. 시약에 이 소변을 묻혀서 색깔의 변화를 관찰하면 병원에 가지 않아도 임신을 했는지 안 했는지 알 수 있습니다.

TIP 요건 몰랐지?

도핑 테스트

운동선수들이 금지 약물을 복용했는지를 알아내는 방법에 크로마토그래피가 활용된다.

올림픽처럼 큰 경기에서 금메달을 따고 싶은 소망은 어느 운동선수나 간절하겠지요? 세계인이 보는 앞에서 최고가 된다는 성취감은 말로 표현할 수 없을 만큼 클 것입니다. 하지만 그런 꿈을 이루기 위해 부정한 방법을 쓰는 선수가 간혹 있습니다. 경기에서 체력을 최대한 높이기 위해 심장 흥분제나 근육 강화제 같은 금지 약물을 먹는 경우가 그 예입니다.

그런데 금지 약물을 복용하는 선수들을 어떻게 알아낼 수 있을까요? 바로 도핑 테스트로 알 수 있습니다. 선수들이 복용한 약물은 일정 시간이 지나면 소변으로 배설되므로, 경기가 막 끝나면 선수들의 소변을 받아 크로마토그래피로 성분을 분석합니다. 분석한 결과를 보면 약물을 복용했는지 안 했는지 알 수 있지요. 우리의 오줌 성분은 식사량이나 먹은 음식이 다르다 해도 거의 비슷합니다. 그 성분 외에 다른 성분이 검출되면 다시 정밀한 검사를 통해 정확히 복용한 약물을 알아낼 수 있습니다.

Q&A 꼭 알고 넘어가자!

문제 1 굵은 소금과 나프탈렌 조각을 물에 넣고 섞은 뒤 거름종이를 통과시켰더니 나프탈렌만 남았습니다. 왜 그럴까요?

문제 2 흰 종이에 검정 수성펜으로 글씨를 쓴 뒤 물을 묻히면 여러 색이 나타납니다. 그 이유는 무엇인가요?

3. 크로마토그래피는 여러 가지 성분 분석과 검사에 이용됩니다. 예를 들어 소변 검사를 통해 당뇨병이나 신장병을 진단하는 데에 이용되고, 임신 검사 시약을 만드는 데에도 이용됩니다. 그리고 올림픽 같은 스포츠 대회에서 선수들이 혹시 금지 약물을 복용하지는 않았는지 검사하는 도핑 테스트에도 이용됩니다.

문제 3 크로마토그래피는 우리 생활 많은 곳에 이용되고 있습니다. 그 예를 들어 보세요.

정답

1. 소금은 물에 잘 녹지만 나프탈렌은 물에 녹지 않습니다. 물에 녹은 소금 입자는 거름종이의 미세한 틈을 빠져나갈 수 있을 만큼 아주 작습니다. 하지만 녹지 않은 나프탈렌은 입자가 커서 거름종이를 통과할 수 없습니다. 물질의 입자 크기 차이를 이용한 이러한 혼합물 분리 방법을 거름이라고 합니다.

2. 검정색 수성 펜의 잉크는 여러 가지 성분의 색소로 만들어집니다. 그리고 그 성분들은 각각 이동 속도가 다릅니다. 이런 이유로 물에 묻었을 때 번져 나가는 속도가 다르고, 검정색 잉크이지만 여러 가지 색으로 퍼져 나가게 됩니다. 이처럼 혼합된 성분의 이동 속도 차이를 이용한 분리 방법을 크로마토그래피라고 합니다.